IGUALDADE e PROGRESSO

Precisamos falar de violência de gênero e empoderamento feminino

Wagner Cinelli de Paula Freitas

IGUALDADE e PROGRESSO

Precisamos falar de violência de gênero e empoderamento feminino

GRYPHUS

Rio de Janeiro

© Wagner Cinelli de Paula Freitas

Revisão
Carolina Menezes

Capa e projeto gráfico
Gabinete de Artes

CIP-BRASIL. CATALOGAÇÃO NA PUBLICAÇÃO
SINDICATO NACIONAL DOS EDITORES DE LIVROS, RJ

F938i

    Freitas, Wagner Cinelli de Paula, 1963-
    Igualdade e progresso : precisamos falar de violência de gênero e empoderamento feminino / Wagner Cinelli de Paula Freitas. - 1. ed. - Rio de Janeiro : Gryphus, 2023.
    168 p. ; 21 cm.

    Inclui bibliografia
    ISBN 978-65-86061-51-2

    1. Violência contras as mulheres - Brasil. 2. Mulheres - Crime contra - Brasil. I. Título.

23-82723   CDD: 364.15553
                              CDU: 364.63-055.2

Gabriela Faray Ferreira Lopes - Bibliotecária - CRB-7/6643

07/02/2023   10/02/2023

Gryphus Editora
Rua Major Rubens Vaz, 456 - Gávea - 22470-070
Rio de Janeiro - RJ - Tel: +55 21 2533-2508
www.gryphus.com.br
E-mail: gryphus@gryphus.com.br

Igualdade, ainda que tardia.

SUMÁRIO

Agradecimentos   11

Prefácio   15

Apresentação   23

PARTE 1 | ARTIGOS PUBLICADOS   25

Entre medos   27
O Dia | 19/02/2022 (impresso e digital)

Preconceito de gênero nos processos seletivos   31
Monitor Mercantil | 07/03/2022 (impresso e digital)

Admirável Mundo Velho   35
Monitor Mercantil | 20/04/2022 (impresso e digital)

Homens ricos também matam   39
O Dia | 07/05/2022 (impresso e digital)

Homens aprendendo a ouvir   43
O Dia | 14/06/2022 (impresso e digital)

A exposição da intimidade como vingança   47
Consultor Jurídico | 06/07/2022 (digital)

O empoderamento feminino no mundo corporativo   55
Migalhas | 28/07/2022 (digital)

As pioneiras   57
Revista da Andes | julho/agosto/setembro de 2022
(impressa e digital)

Homens que matam mulheres   61
Monitor Mercantil | 08/08/2022 (impresso e digital)

Segurança pública e violência de gênero   65
Revista Justiça & Cidadania | 26/08/2022 (impressa e digital)

Desaparecidas   71
O Dia | 08/09/2022 (impresso e digital)

Só meninos são bem-vindos?   75
Monitor Mercantil | 14/09/2022 (impresso e digital)

As Placas de Itatiaia   79
Diário do Vale | 14/09/2022 (impresso e digital)

Quando os fatos sociais se tornam jurídicos   83
Consultor Jurídico | 06/10/2022 (digital)

Violência contra a mulher: 87
homens que ladram e mordem
Gazeta do Povo | 09/10/2022 (digital)

O presente de grego   91
Revista Justiça & Cidadania | 17/10/2022 (impressa e digital)

Políticas pela equidade de gênero não são favor   95
O Globo | 25/10/2022 (digital)

Mulheres extraordinárias   99
O Dia | 04/11/2022 (impresso e digital)

As asas de Niomar   103
Monitor Mercantil | 18/11/2022 (impresso e digital)

Homens que defendem a igualdade   107
O Dia | 06/12/2022 (impresso e digital)

PARTE 2 | ARTIGO ACADÊMICO   111

Violência de Gênero é Violação dos Direitos Humanos: 113
Estudo sobre o crime de importunação sexual
Artigo vencedor do 11º Prêmio AMAERJ Patrícia Acioli
de Direitos Humanos na categoria "Trabalhos dos
Magistrados" - Solenidade em 07/11/2022, no TJRJ

PARTE 3 | OUTROS TEXTOS   141

Bate-papo da atriz Letícia Sabatella com Wagner Cinelli   143
Lançamento do livro *Metendo a Colher*, na Livraria da Travessa,
Leblon, Rio de Janeiro, em 28/03/2022

Sobre a exposição *Presenças Invisíveis*   153

Presenças invisíveis (Wagner Cinelli)   155
Texto de abertura da exposição homônima,
no Museu da Justiça do TJRJ, com curadoria
de Isabela Francisco

Meus passos (Gabriela Zimmer)   157
Poema que integrou a exposição *Presenças Invisíveis*

Eco, eco, eco (Gabriela Zimmer)   161
Poema apresentado em cerimônia na Alerj

Notas de fim   163

AGRADECIMENTOS

Teamwork é uma palavra que ouvi com frequência quando trabalhei no intercâmbio cultural AFS nos anos 80. Era dita efusivamente por meu colega Ricardo Salles a cada fato positivo que acontecia no nosso cotidiano. Cada gol era festejado com a eclosão de um sonoro *teamwork*, que significa "trabalho em equipe". Deixei o AFS quando concluí a faculdade, seguindo minha vida profissional primeiro na advocacia e depois na magistratura. Mas ficou a lição do *teamwork*.

Esse senso de construção coletiva das coisas me acompanha em tudo, e graças a ele logrei realizar mais este livro. Como não existe equipe de um só, revelo as pessoas que a integram.

Minha esposa Giane, que é com quem divido as ideias que tenho sobre os textos. Sem seu incentivo, nada seria. Minha filha Gabriela, escritora de nascença, que revisa meus escritos e, não por poucas vezes, chama minha atenção para sutilezas sobre as quais ela tem sempre razão. Dois incansáveis que me apoiam nessa estrada são Renata Fernandes Espírito Santo e Fábio Henrique Alves Dias. Outra correligionária é a jornalista Fabiana Sobral, construtora das pontes que levam os artigos da noite de minha gaveta para o dia, que só amanhece com a publicação.

Agradecimentos especiais à atriz Letícia Sabatella, que no lançamento da coletânea anterior participou do bate-papo na Livraria da Travessa com importantes reflexões e autorizou que nossa conversa integre este livro.

Atendi a vários convites para palestras e seminários sobre violência de gênero no ano de 2022. Um deles foi formulado pelos caríssimos Carlos Raymundo Cardoso e Florian Hoffmann, professores da PUC-RJ e conhecidos de longa data. Marcia Nina Bernardes, também professora naquela prestigiosa instituição e estudiosa dos temas aqui abordados, participou desse evento. Após a publicação do último artigo, em dezembro de 2022, convidei-a para escrever o prefácio, o que prontamente aceitou. Minha gratidão.

Agradeço também a todos os veículos de comunicação pela publicação dos artigos e textos que fazem parte desta obra: *Consultor Jurídico* (Conjur), *Diário do Vale*, *Gazeta do Povo*, *Migalhas*, *Monitor Mercantil*, *O Dia*, *O Globo*, *Revista da Andes* (Associação Nacional dos Desembargadores) e *Revista Justiça & Cidadania* (Editora JC).

Uma alegria que aqui se registra foi receber a Medalha Tiradentes, na Alerj, das mãos da deputada Martha Rocha, em 6 de outubro de 2022. A honraria foi motivada pela preocupação que ambos temos com a violência de gênero, e ocorreu em evento com falas potentes das juízas Adriana Ramos de Mello e Juliana Cardoso, do desembargador Elton Leme, do procurador-geral Sérgio Pimentel, da jornalista Renata Izaal e da minha poeta favorita e acima já mencionada, minha filha Gabriela, que participa desta obra com dois poemas, um deles apresentado na ocasião.

Outra satisfação, logo depois, em 7 de novembro do mesmo ano, foi o troféu de primeiro lugar na categoria "Trabalhos dos

Magistrados" do Prêmio Patrícia Acioli de Direitos Humanos, com artigo acadêmico que versa sobre o crime de importunação sexual. Felicidade aumentada com a entrega do troféu pela presidente da Amaerj, juíza Eunice Haddad. O trabalho está publicado no site da associação e é aqui replicado.

Não poderia deixar de fazer referência à Emerj pelos eventos e palestras que rotineiramente conduz sobre os mesmos assuntos tratados neste livro, tendo eu participado de diversos deles ao longo de 2022, sob a batuta da diretora-geral, desembargadora Cristina Tereza Gaulia.

Da mesma forma, ressalto a atuação do Tribunal de Justiça do Estado do Rio de Janeiro, sob a presidência do desembargador Henrique Carlos de Andrade Figueira, parceiro na luta pelo bem-comum, através do respectivo centro cultural (CCMJ), e o enlevo que foi participar da exposição *Presenças Invisíveis*, de curadoria da querida Isabela Francisco.

Muitas outras pessoas que se preocupam com o flagelo que é a violência de gênero e com a imprescindibilidade do empoderamento feminino cruzaram minha caminhada e, mesmo sem nominá-las, consigno que cada uma delas contribuiu para aguçar minha percepção sobre essas questões, com reflexos nos artigos que compõem esta obra.

Esta coletânea, como já dito, não é trabalho individual. É de equipe – e esta, para minha ventura, não é nada pequena.

Teamwork!

Rio de Janeiro, 1º de janeiro de 2023.

Wagner Cinelli de Paula Freitas

PREFÁCIO

Toda ação contra a violência de gênero é urgente. Essa é uma batalha pela vida que mulheres vêm travando há décadas – na verdade, séculos –, e é fundamental que homens a elas se juntem. Wagner Cinelli entendeu isso com a intensidade devida e há muito vem desempenhando papel importante nesse *front*, tanto na sua atuação como magistrado, quanto nos textos que escreve, na forma de artigos, poemas e roteiros de filmes.

Este livro é uma coletânea de artigos, quase todos publicados em jornais e sites ao longo de 2022, que nos levam a refletir sobre as muitas dimensões em que violência doméstica e empoderamento feminino se relacionam. Uma das teses sustentadas repetidamente ao longo do livro é a de que mulheres em condições agudas de desigualdade, tais como mulheres negras e pobres, têm mais dificuldade para sair do ambiente violento. Esse também é o entendimento já consolidado em diversos âmbitos do Direito Internacional, que destacam a relação circular entre discriminação, desigualdade (e falta de empoderamento) e violência contra a mulher. A correta compreensão dessa circularidade impõe a afirmação do sexismo, bem como do racismo e do classismo, como uma estrutura social que nos conforma a todos, distribuindo entre homens e mulheres –

assim como entre brancos e não-brancos, ricos e pobres – os ônus e os bônus da vida social.

De forma clara e contundente, sempre com dados convincentes, Wagner aborda uma série de contextos em que essas relações estruturais se manifestam. Fala de estereótipos de gênero, de feminicídio, de pornografia de revanche, do isolamento de mulheres em situação de violência, de acesso ao mercado de trabalho, da falta de paridade entre homens e mulheres em conselhos de empresas, da atuação militante de magistradas pioneiras no Judiciário brasileiro, entre outros temas. Ao final, Wagner inclui o artigo acadêmico que escreveu sobre o crime de importunação sexual, com o qual ganhou o Prêmio Patrícia Acioli 2022. Nesse artigo, o autor dá contorno ao tipo penal e estabelece as suas diferenças para outros tipos penais próximos, como assédio e estupro.

Dentre os muitos assuntos urgentes suscitados pela leitura deste livro, eu gostaria de destacar dois: o silêncio das mulheres presas nas engrenagens da desigualdade e da violência e o papel dos homens na luta por equidade de gênero. Wagner chama atenção para eles em diversos artigos do livro.

Sobre o silêncio das mulheres, logo no primeiro artigo da coletânea, intitulado *Entre medos*, o autor recorre a diversas estatísticas que permitem a dramática conclusão de que "o lugar mais perigoso para as mulheres é o lar". Entre o medo de fugir daquele contexto e o medo de ficar, as mulheres silenciam.

Eu gostaria de sugerir que essas mulheres são, na verdade, *silenciadas* de múltiplas formas. O medo da violência realmente emudece, mas mulheres são silenciadas, acima de tudo, porque não encontram eco para o que eloquentemente falam. Retomo algumas das teses de Gayatri Spivak (2010), no seu célebre ensaio *Pode o subalterno falar?*, que são importantes para o que se discute aqui. Qualquer ato de fala pressupõe uma interação entre falante e ouvinte. Nesse sentido, ela famosamente sustenta que o subalterno não pode falar; não porque não o saiba fazer, mas porque não há escuta dentro da ordem hegemônica, não há validação institucional da fala do subalterno e nem há repercussão nas estruturas de poder (SPIVAK, 1992, p. 46). A posição do "outro" subalternizado, a sua experiência de opressão e silenciamento, só se torna audível se articulada por meio do vocabulário hegemônico, que não foi feito para acomodar seus interesses.

O silenciamento é um efeito conhecido da falta de empoderamento, que se intensifica a níveis desumanizadores quando o sexismo é exercido sobre corpos que são também racialmente marcados. O gênero, como categoria autônoma, diz pouco sobre homens e mulheres reais, cujos corpos têm raça, classe e sexualidade, entre outros marcadores. A experiência do sexismo, que impõe ônus para as mulheres e privilégios para os homens, é vivida de formas distintas dependendo de como uma pessoa se situa nessa trama de desigualdades. Ao final, de forma inquestionável, são as mulheres negras (e outras não-brancas) que estão em situação de maior exposição à violência e à precariedade social. Se quisermos que a luta feminista tenha algum sentido, precisamos atentar para o fato de que a maioria das mulheres tem a vida marcada por questões de raça, classe e sexualidade, além do gênero.

Os exemplos do *manterrupting* e do *mansplaining*, apresentados por Wagner no artigo *Homens aprendendo a ouvir*, funcionam como eficientes ilustrações do silenciamento de mulheres, mas há outras situações talvez mais difíceis de lidar. Essa questão é grave, principalmente na seara do Direito. Por exemplo, apesar de a Lei Maria da Penha ser uma incrível conquista feminista, que devemos defender e aprimorar a todo tempo, pesquisas com a jurisprudência relativa à sua aplicação permitem enxergar as dificuldades encontradas por mulheres negras e pobres ao buscarem a proteção estatal (ALBUQUERQUE, BERNARDES, 2016). Os agentes de Estado não "escutam" essas mulheres. Há problemas severos de enquadramento: o que conta como juridicamente relevante e o que é deixado de fora? O que pode ser considerado violação de direitos e o que não pode? Há problemas igualmente críticos sobre a linguagem utilizada pelo Direito, que estruturalmente exclui certos corpos das proteções estatais. Qual a intensidade da proteção da mulher que sofre danos econômicos decorrentes da violência doméstica? Por fim, a experiência de quais corpos foi considerada na elaboração das respostas de um Estado que, por exemplo, tem dificuldade de acessar territórios de populações pobres para cumprir um mandado? (BERNARDES, 2020).

Diante dessas considerações, que papel os homens devem ter na luta feminista? No artigo *Políticas pela equidade de gênero não são favor*, Wagner alerta que "políticas pela equidade de gênero não são um favor às mulheres nem concessão dos homens. São necessidade social, requisito para subir degraus na escada da civilização." Concordo com ele. Faço coro também ao chamado de Chimamanda Ngozi Adichie para que sejamos todos feministas, como lembrado por Wagner no artigo *Homens que defendem a igualdade*. Mas, de novo, qual o papel dos homens nessa luta?

Da mesma forma, considerando a relação do sexismo com as outras estruturas de poder, qual o papel da feminista branca e socialmente privilegiada na defesa de mulheres reais, que na sua maioria são subalternizadas também em função da sua cor? Se políticas de equidade racial e de gênero não são favores à mulher negra, como agir para subir os "degraus na escada da civilização"?

Não pretendo responder essas perguntas porque elas são pessoais e intransferíveis, e cada um deve encontrar o seu caminho nesse contexto. Mas compartilho algumas reflexões ainda a partir da leitura de Spivak e também de bel hooks. Spivak alerta que não devemos falar pela subalterna, mas trabalhar para alterar as condições de produção da subalternidade. As lições spivakianas ensinam que a ação do intelectual, da feminista, do juiz, e também da militância passa inexoravelmente pelo reconhecimento da sua posição de privilégio e, nesse sentido, do seu papel na perpetuação do problema que visa resolver. Apenas a partir desse ponto pode-se trabalhar para criar as condições de escuta e de validação institucional do que essas mulheres falam. Spivak (2010) alerta contra a tendência de sujeitos hegemônicos "bem-intencionados" de apressadamente começarem a falar pelo outro antes de escutar, de se transformar e de, só então, serem capazes de colaborar para que a fala da subalterna, em primeira pessoa, tenha impacto social. Podemos contribuir para construir uma infraestrutura de escuta que alcance a voz hegemonicamente silenciada da subalterna.

Na mesma linha, bel hooks, que escreveu entre outras obras magníficas um livro chamado *Feminismo é para todos* (em tradução livre), insiste que feministas brancas precisam "desaprender o racismo" antes de serem capazes de agir em coalizão (HOOKS, 1984). Da mesma forma, homens precisam "desaprender o sexismo" antes de se tornarem aliados das mulheres.

Mas voltemos à pergunta formulada acima, agora por outro ângulo: como desaprender o racismo e o sexismo? Não se pode fazer isso sem ouvir e sem se implicar no que é dito. E não tem como ouvir sem a presença física dos corpos subalternizados, em condições de autonomia e paridade, nos espaços de poder. Lutar pela representação de mulheres, em especial de mulheres negras, nos espaços de poder apresenta-se, portanto, como uma tarefa urgente na luta contra as condições de produção da subalternidade. Esse ponto é também muito caro a Wagner, que discute a importância da representação feminina em diversos artigos do livro, tais como *Preconceito de gênero nos processos seletivos*, *As pioneiras* e *O empoderamento feminino no mundo corporativo*.

Contudo, ainda estamos distantes da concretização da presença paritária de mulheres, principalmente das mulheres negras, nos espaços de poder. Enquanto esse for o cenário, será importante também que aqueles que gozam dos privilégios conferidos pelo sexismo e pelo racismo, tais como a "sobrerrepresentação" nos espaços de poder e a "hipervalidação" institucional de suas vozes, denunciem esses mesmos privilégios como sendo parte das condições de produção de subalternidades, e os coloquem a serviço da amplificação das vozes das sujeitas subalternas, para que não continuem sendo sistematicamente silenciadas.

O percurso de cada um neste processo de "desaprendizagem" do sexismo e do racismo é inteiramente pessoal. São inúmeros os *fronts* de enfrentamento, e há espaço para muitas formas de ação contra as condições de produção da subalternidade. Wagner vem trilhando esse caminho de diversos modos, e este livro é muito bem-vindo como mais uma contribuição em direção ao ideal de igualdade.

Marcia Nina Bernardes |
Professora do PPGD da PUC-Rio |
Doutora em Direito pela NYU Law

Referências:

BERNARDES, Márcia Nina; ALBUQUERQUE, Mariana Imbelloni Braga. Violências Interseccionais silenciadas em Medidas Protetivas de Urgência / Intersectional Violence silenced in Judicial Proceedings. **Revista Direito e Práxis**, v. 7, 2016. p. 01-26.

BERNARDES, Marcia Nina. Questões de raça na luta contra a violência de gênero: processos de subalternização em torno da Lei Maria da Penha. **Revista Direito GV** [recurso eletrônico], v. 16, n. 3, set-dez 2020. São Paulo: FGV Direito SP, 2020.

HOOKS, bel. **Feminist Theory**: from margins to center. South End Press, 1984.

SPIVAK, Gayatri. **Pode o subalterno falar?** Belo Horizonte: Editora UFMG, 2010.

SPIVAK, Gayatri. Entrevista para Leon de Kock. New Nation Writers Conference in South Africa. **Ariel**: A Review of International English Literature, v. 23, n. 3, jul 1992. p. 29-47.

APRESENTAÇÃO

"*Eu canto porque o instante existe*
e a minha vida está completa
Não sou alegre nem sou triste:
sou poeta."
(Poema "Motivo", 1ª estrofe, de Cecília Meireles)

Cecília Meireles me contou – e Fagner cantou – que o instante existe e, por isso, o cantor canta, o pintor pinta e o escritor escreve. Cada um completa sua vida como lhe cabe. Assim, o cantor cantará – e cantará o que quiser. Da mesma forma, o pintor pintará o que quiser, e cada um escreverá sobre o que lhe aprouver. Certamente que essa liberdade traz implícitos alguns pressupostos, destacando aqui um que reputo essencial: o respeito ao outro.

A liberdade da escolha de tema é de cada um, e eu escolho escrever e falar de algo drástico, histórico, cultural, martirizante e também naturalizado, que é a violência contra a mulher e, mais particularmente, aquela praticada pelo atual ou ex-companheiro.

O livro *Sobre ela: uma história de violência* (2020) foi escrito por isso. Da mesma forma, os artigos produzidos na sequência e publicados em diversos meios de comunicação, que originaram as obras *Metendo a colher* (2022) e, agora, *Igualdade e Progresso* (2023).

Os artigos contidos nas duas coletâneas foram cunhados com o propósito de contribuir para o debate sobre essa violência que atinge a mulher por ser mulher. Um assunto que vem junto é o empoderamento feminino e, como tenho repetido, violência e empoderamento compõem uma equação: quanto mais poder a mulher detém, menos sujeita ela está à violência de gênero.

A pretensão é que essas obras provoquem reflexão sobre esses objetos (violência e sub-representação da mulher nos cargos de poder), contribuindo para que falemos mais sobre essa realidade, reconhecendo-a e trabalhando coletivamente pela modificação desse estado de coisas perversas e ultrapassadas, mas, infelizmente, ainda tão presentes.

Cecília escreveu e Fagner cantou que o efêmero faz parte de nossa trajetória: "irmão das coisas fugidias". Por isso, "um dia sei que estarei mudo". Mas enquanto esse dia não chega, sigo nessa luta. "Mais nada".

PARTE 1

ARTIGOS PUBLICADOS

ENTRE MEDOS[1]

(O Dia, em 19/02/2022)

As mulheres estão submetidas a diversas situações em que sofrem violência, o que é sempre grave. Mas há uma que exige imediata atenção porquanto fatal: o feminicídio.

O *Estudo Global sobre Homicídio*, publicado pelo Escritório das Nações Unidas sobre Drogas e Crime (UNODC), revelou que aproximadamente 87 mil mulheres e meninas foram intencionalmente assassinadas no planeta em 2017.

Desse número, 50 mil estão na categoria em que os criminosos eram pessoas da mesma família ou *intimate partners*, que são os parceiros íntimos, considerados os atuais ou ex-companheiros. Daí a conclusão de que o lugar mais perigoso para as mulheres é o lar.

O *Anuário Brasileiro de Segurança Pública 2021* corrobora essa verificação ao apontar que a maioria dos feminicídios no Brasil é praticada pelo parceiro íntimo, sendo que o local de ocorrência de 54% desses crimes é a residência da vítima. Portanto, pode-se dizer que a casa, para muitas mulheres, é um espaço de medo. Mas não é de medo por um dia. É de medo constante, que foi agravado pela pandemia da COVID-19 por impor maior convívio com o parceiro abusivo.

Essa vítima contumaz experimenta uma sensação de impotência, que pode decorrer de vários fatores, como dependência financeira, preocupação com os filhos, dominação psicológica, receio de que ameaças sejam cumpridas e violência física. Daí o outro temor, que é o de ir embora.

Sobrevive entre o medo de ficar e o medo de ir. Ficar significa lidar com uma realidade que já conhece. Partir desafia o desconhecido. Afinal, como sair de casa? Para onde ir? E os filhos? Qual será a reação daquele que a controla e atormenta? São dúvidas que contribuem para adiar o plano de mudança ou simplesmente deixar tudo como está. Algo do tipo: ruim com ele, pior sem ele.

Um item que costuma fazer parte dessa fórmula complexa é o silêncio, que nasce do medo, da vergonha e também da velha cultura de não interferência em questões de casal. Então, antes da escolha entre o medo de ficar e o medo de ir, há que se romper a barreira do silêncio, que é o caminho para conseguir sair desse isolamento psicológico.

À vista disso, a vítima deve dividir seu drama com as pessoas de sua confiança ou procurar instituições que têm como missão lhe orientar e proteger, como a Delegacia da Mulher, a Central de Atendimento à Mulher (Ligue 180) e o Juizado de Violência Doméstica.

Os estudos e a experiência nos mostram que uma relação marcada pela violência faz da mulher uma potencial vítima fatal. Por isso, quanto a permanecer na relação tóxica, a palavra mais adequada não é medo, mas aquela que representa seu excesso: pavor. Logo, a escolha é entre o pavor de ficar e o medo de ir. Afinal, a casa, para quem vivencia essas situações, é mais perigosa que outros lugares. E quanto a isso não há dúvida.

PRECONCEITO DE GÊNERO NOS PROCESSOS SELETIVOS[II]

(Monitor Mercantil, em 07/03/2022)

A presença feminina no mercado de trabalho vem aumentando progressivamente, mas sua taxa de participação na força de trabalho global ainda está acanhada. Segundo a Organização Mundial do Trabalho, esse índice é de 47%, enquanto para os homens é de 72%, disparidade essa que carece de redução.

Um aspecto da questão, que é o primeiro gargalo, chama-se recrutamento e seleção. Vejamos como uma orquestra lidou com o problema e alterou a forma de contratar seus músicos.

A Orquestra Filarmônica de Nova York, fundada no século XIX, contava com poucas mulheres em seus quadros, até que nos anos 1970 adotou a audição cega. Um biombo passou a ser colocado entre o comitê de seleção e o candidato instrumentista para que a performance musical pudesse ser ouvida sem que o postulante fosse visto. O resultado foi sentido na década de 80, quando foram contratadas mais mulheres do que homens, e atualmente elas correspondem a quase metade da orquestra.

Temos uma evidência, no caso da orquestra, de que os homens eram favorecidos. Ali, um biombo foi eficiente para se vencer essa parcialidade nas contratações. Mas nem sempre a solução será tão simples assim.

Há relatos de mulheres que, em entrevista de emprego ou prova oral de concurso, deparam-se com perguntas de ordem pessoal e que não são formuladas aos candidatos do sexo oposto. São indagações como: "É casada?", "Qual é a profissão de seu marido?" e "Tem planos de ter filhos logo?".

Caso emblemático ocorreu em certame para a magistratura paulista em 2012. Candidatos reprovados recorreram ao Conselho Nacional de Justiça alegando que o exame oral teria se dado de forma secreta e com perguntas de natureza pessoal. Uma delas teria sido: "Mas a senhora está grávida. Não acha que já começaria a carreira como um estorvo para o Poder Judiciário?".

De fato, os obstáculos culturais são muitos. Não raro, mulheres, especialmente as mais jovens, são vistas como potenciais grávidas, desagradando superiores pelo "risco" de virem a gozar da licença-maternidade e, com isso, se afastarem do trabalho por alguns meses.

Aspectos da vida pessoal das candidatas submetidas a processo seletivo não devem importar ao examinador imparcial. A candidata, que já está submetida à pressão da disputa, é colocada em uma situação de desconforto diante da pergunta inconsequente, sendo improvável que desafie o examinador, que, naquele momento, detém um poder que poderá influenciar sua vida. Nesse contexto, um bom *slogan* para uma campanha seria #minhavidapessoalnaoimporta.

O preconceito de gênero está entranhado nos diversos aspectos da vida social, inclusive no acesso das mulheres ao mercado de trabalho. Portanto, precisamos falar continuamente sobre isso para que mais pessoas possam compreender a gravidade do problema e assim construirmos uma sociedade com menos desigualdades e na qual prevaleça a meritocracia.

Não é tarefa fácil. Mas vale lembrar que, em algum lugar do passado, o aumento da participação feminina na Filarmônica de Nova York parecia ser impossível.

ADMIRÁVEL MUNDO VELHO[III]

(Monitor Mercantil, em 20/04/2022)

A ficção científica é um gênero marcado pela especulação sobre o futuro, e um de seus expoentes é Aldous Huxley, autor de *Admirável Mundo Novo*, obra que retrata um lugar com alto desenvolvimento tecnológico e profundas mudanças na estrutura da sociedade.

Se o mundo imaginado por Huxley trazia novidades em tantos aspectos, há um exemplo de futurologia que pensou o mundo com tecnologia avançada, mas sem qualquer mudança em relação às estruturas social e familiar: *Os Jetsons*, desenho animado do Estúdio Hanna-Barbera, lançado em 1962.

Essa produção antecipou diversas inovações, como robôs e chamadas por vídeo. Quanto aos carros-voadores de Orbit City, ainda não trafegam pelos céus de nossas cidades, mas já saíram do papel e há notícias de que em breve farão parte de nossas vidas.

De fato, a previsão futurista dos idealizadores da Família Jetson acertou com relação a alguns avanços tecnológicos. No entanto, quanto à estrutura familiar, a série de animação manteve aquela que predominava na época de sua criação.

O pai, George, pilota seu carro-voador e trabalha fora. É o provedor. Aliás, a versão em língua inglesa da Wikipédia o descreve como "o patriarca". A mãe, Jane, é dona de casa e tem como passatempo ir ao shopping, especialmente para comprar roupas e eletrodomésticos de última geração. Um outro atributo de sua personalidade, como descrito em diversos sites, é ser "obediente". Judy, a filha adolescente, é interessada em roupas e baladas, tudo a indicar que, com os anos, será uma réplica da mãe. Elroy, o filho de 6 anos, é inteligente e engenhoso. O prognóstico para esse menino é de que, com sua genialidade, poderá ter o mundo aos seus pés.

Não podemos esquecer de outra personagem que é praticamente da família, a Rosie. Sim, é um robô, mas não é uma máquina qualquer. É um robô empregada doméstica, que torna mais fácil a vida daquele núcleo familiar, com bons benefícios para Jane, a dona de casa. Esse robô, como já dito, tem nome. Nome de mulher, voz – ainda que eletrônica – de mulher e roupa, na modalidade de uniforme, de mulher. Não é John, é Rosie.

O exemplo pinçado mostra como a cultura reflete e retroalimenta a estrutura social até mesmo quando se idealiza um mundo do futuro com tantas novidades. Cidades suspensas, foguetes, viagens espaciais e muito mais. A família, entretanto, é a mesma do século passado, com patriarca, mãe dona de casa obediente, filha fútil e filho promissor.

As desigualdades de gênero refletidas nos Jetsons existiam no século passado e perduram nos dias atuais. A família de George, porém, não está em julgamento. É aqui apenas uma alavanca para pensarmos sobre os papéis sociais de gênero e, com esse exercício, questionarmos a realidade e trabalharmos pelas mudanças em favor da igualdade. Do contrário, o mundo novo do futuro pode se revelar nada mais que um admirável mundo velho.

HOMENS RICOS TAMBÉM MATAM[IV]

(O Dia, em 07/05/2022)

Peter Chadwick e Quee Choo tinham três filhos e moravam em Newport Beach, na Califórnia. Era uma família como outra qualquer, até que ocorreu uma tragédia. Mr. Chadwick matou a esposa, desfez-se do cadáver em uma lixeira e fugiu para o México. Passados quase dez anos, o julgamento ocorreu no último dia 9 de fevereiro, e o réu foi condenado a uma pena de prisão perpétua, com possibilidade de livramento condicional após cumprir pelo menos 15 anos.

Homens abusivos existem em toda parte. Mas uma questão por vezes levantada é se essas agressões contra as mulheres acontecem em todas as classes sociais. A história de Peter indica que sim. Afinal, ele é milionário e, infelizmente, não está sozinho na lista de magnatas feminicidas.

Alun Phillips, herdeiro de grande fortuna, afogou a esposa Nadine na banheira de sua residência em Fulham, Londres. Outro caso emblemático na capital inglesa foi o do multimilionário Robert Ekaireb, condenado à pena de prisão perpétua pelo assassinato da esposa grávida. Em Paris, o empresário Ian Griffin espancou a namorada Kinga Legg até a morte em um quarto de hotel cinco estrelas. Em Sidney, Andrew Kalajzich, empresário bem-sucedido do ramo hoteleiro, foi condenado a 25 anos de reclusão pela morte da esposa.

O alto executivo Fernando Farré desferiu mais de 74 golpes de faca em sua mulher Claudia Schaefer, de quem estava se divorciando, em sua casa no Martindale Country Club, condomínio luxuoso na periferia de Buenos Aires. O milionário português Carlos Pinto tentou assassinar a esposa Eliza, e o palco da trama foi o exclusivo hotel NH Palácio de Vigo, na Espanha.

A violência contra a mulher ocorre em todos os lugares e, como visto nos exemplos, as pessoas mais abastadas não estão excluídas dessa estatística. Em verdade, se formos mergulhar nos enredos, os casos destacados acima costumam trazer elementos que não fazem parte da vida dos financeiramente desfavorecidos, como disputa por bens em partilha de divórcio. Alguns desses endinheirados, para aumentar a surpresa geral, matam o cônjuge e ainda tentam receber a indenização do seguro de vida.

Entretanto, é consenso que, embora a violência de gênero ocorra em todas as classes, as mulheres em maior desvantagem social, notadamente as que estão expostas à pobreza e sem acesso à educação, estão mais sujeitas ao jugo dos homens abusivos que entram em suas vidas.

Vencer os obstáculos que favorecem essa violência é um desafio, e o caminho passa pela educação, que abre portas para oportunidades de trabalho, refletindo no status social e econômico, bem como no empoderamento feminino. Seguir essa diretriz permitirá que um dia tenhamos uma sociedade em que a igualdade não esteja apenas proclamada em suas leis escritas, mas realizada no cotidiano de todas as pessoas. Como disse Malala Yousafzai, ativista e ganhadora do Prêmio Nobel da Paz: "Tudo que quero é educação e aí não tenho medo de ninguém".

Quanto às vítimas que já têm alto nível de escolaridade, que costuma ser o caso das pessoas ricas, o principal desestímulo aos seus agressores deve vir mesmo do último recurso de que a sociedade dispõe, que é o malhete e a prisão.

HOMENS APRENDENDO A OUVIR[V]

(O Dia, em 14/06/2022)

Registro, para não soar paradoxal, que o presente artigo pretende atingir os homens. Portanto, e não poderia ser diferente, é um *manexplainingtomen*. A ideia de que as representações de gênero são socialmente construídas foi bem sintetizada em frase de Simone de Beauvoir: "Não se nasce mulher, torna-se mulher". Da mesma forma, não se nasce homem, torna-se homem.

Assim, partindo-se dessa concepção – e centralizando o argumento na dicotomia homem-mulher –, temos na sociedade patriarcal uma desigualdade de tratamento dispensada a esses dois gêneros, privilegiando-se o masculino e inferiorizando-se o feminino.

Essa desvalorização social da mulher persiste de diversas maneiras. Afinal, embora pareça coisa do passado, ainda existe casamento infantil, mutilação genital feminina e restrição de estudo a meninas e mulheres.

A inferiorização ocorre também de formas mais sutis, como aquelas entranhadas na cultura, que são refletidas na linguagem, em ditados populares, em letras de músicas e em muitas situações que colocam as mulheres em desvantagem. Um desses cenários que reforçam que homem e mulher estão em uma relação de dominância e subordinação é designado pela palavra *manterrupting*, que é quando uma mulher é interrompida por um homem. Essa interferência, além de inconveniente, traz embutida a mensagem de que a fala dela não tem importância.

Outra situação, que guarda alguma semelhança com a anterior, é o *mansplaining*, que é quando um homem explica o óbvio ou então expõe algum assunto que é dominado por sua interlocutora. Vejamos três exemplos dessa atitude imprópria, que poderia ser chamada de momento do pavão sem noção.

Tasha Stanton, neurocientista e professora da University of South Australia, estava em uma conferência da Australian Physiotherapy Association quando recebeu a dica de outro participante para ler um *paper* que havia sido escrito por ela mesma. Claro que o homem não havia percebido que sua colega de conferência e a escritora do texto sugerido eram a mesma pessoa, tendo ficado visivelmente surpreso quando se deu conta disso.

Exemplo de *mansplaining* com trança semelhante está no livro *Os homens explicam tudo para mim*, de Rebecca Solnit, que conta que estava em uma festa na casa de alguém importante e, ao conversar com o anfitrião, recebeu dele a indicação de ler o livro que ela própria havia escrito e, mesmo diante da repetida informação de ser Rebecca a autora, ele continuava insistindo na recomendação da leitura.

O terceiro e último caso foi apresentado pela jornalista Natacha Cortéz, no artigo *Mansplaining ou a (nem sempre) sutil maneira de calar uma mulher*, publicado na *Revista Marie Claire*, retirado do Twitter de @mari_fonseca: "um desconhecido na farmácia já quis me explicar o que era um AVC. Eu sou médica".

Tanto o *manterrupting* quanto o *mansplaining* são formas de silenciamento da mulher – a reforçar a cultura da proeminência masculina – e, portanto, inadequados e, tomara que logo, anacrônicos.

Pedindo licença às mulheres, endereço esta mensagem aos homens praticantes dessas duas modalidades socialmente danosas, na expectativa de contribuir para a reflexão sobre a importância de se ouvir o outro, no caso, as mulheres, sem interromper nem subestimar. Aos demais, minhas escusas por só ter tratado do óbvio.

A EXPOSIÇÃO DA INTIMIDADE COMO VINGANÇA[VI]

(Consultor Jurídico, em 06/07/2022)

"*Lúcidos? São poucos.*
Mas se farão milhares
Se à lucidez dos poucos
Te juntares."

(Trecho de "Poemas aos homens do nosso tempo - VIII", de Hilda Hilst)

A Constituição de 1988, no título *Dos direitos e garantias fundamentais*, em seu artigo 5º, X, proclama que "são invioláveis a intimidade, a vida privada, a honra e a imagem das pessoas, assegurado o direito à indenização pelo dano material ou moral decorrente de sua violação".

A internet passa a ser partilhada por cada vez mais pessoas a partir dos anos 1990 e uma das infrações oportunizadas pelo mundo digital, a *revenge porn* ou pornografia de vingança, atinge diretamente tais bens constitucionalmente protegidos.

Esse novo fato é uma modalidade de *cyberbulling* e, no Brasil, foi incluído no Código Penal (CP) pela Lei n° 13.718/2018:

> Art. 218-C. Oferecer, trocar, disponibilizar, transmitir, vender ou expor à venda, distribuir, publicar ou divulgar, por qualquer meio – inclusive por meio de comunicação de massa ou sistema de informática ou telemática –, fotografia, vídeo ou outro registro audiovisual que contenha cena de estupro ou de estupro de vulnerável ou que faça apologia ou induza a sua prática, ou, sem o consentimento da vítima, cena de sexo, nudez ou pornografia:
>
> Pena - reclusão, de 1 (um) a 5 (cinco) anos, se o fato não constitui crime mais grave.

As previsões do artigo 218-C, *caput*, têm aplicação, por exemplo, àquele que repassa tais imagens ou registros. Porém, para que fique caracterizada a pornografia de revanche, esse dispositivo legal deve ser conjugado com a causa de aumento prevista em seguida, que é:

> § 1º. A pena é aumentada de 1/3 (um terço) a 2/3 (dois terços) se o crime é praticado por agente que mantém ou tenha mantido relação íntima de afeto com a vítima ou com o fim de vingança ou humilhação.

Logo, com a majorante, a pena da pornografia de vingança pode chegar a oito anos e quatro meses de prisão.

Note-se que para a configuração desse crime não é necessário que o autor do fato e a vítima tenham coabitado, pois o requisito legal é "relação íntima de afeto", presente ou pretérita, entre eles. No entanto, se a vítima for menor de 18 anos, aplicam-se as disposições do Estatuto da Criança e do Adolescente, que estão em seus artigos 240 a 241-E. Quanto ao sujeito passivo desse delito, pode ser qualquer pessoa, mas os levantamentos mostram que quase sempre são mulheres.

Como há poucos estudos disponíveis, até mesmo porque a lei que criou a figura penal é recente, começamos com dados sobre o crime de divulgação de cena de estupro (artigo 281-C, *caput*, do CP), retirados do *Dossiê Mulher* (ISP, 2021) e que têm por objeto o estado do Rio de Janeiro, tomando por base o ano de 2020: 88,5% das vítimas eram mulheres.

Quanto à pornografia de vingança propriamente dita (artigo 281-C, *caput* e §1º do CP), a ONG SaferNet Brasil, que atua no combate à violação de direitos humanos na internet, apurou que 81% das vítimas desse delito eram mulheres, 16% eram homens e 3% não quiseram se identificar. Matéria publicada no jornal capixaba *A Gazeta*, em 18/10/20, da repórter Glacieri Carraretto, indica que, segundo a Delegacia Especializada de Repressão aos Crimes Cibernéticos, 80% das vítimas da mencionada infração penal no Espírito Santo eram mulheres.

Vejamos números de outros países. A ONG Cyber Civil Rights Initiative, em publicação de 2014, assinala que, nos EUA, 90% das vítimas de pornografia não consensual eram mulheres. Estudo da University of Exeter, na Inglaterra, realizado em 2019, aponta que a maioria das pessoas que pediram ajuda ao *The Revenge Porn Helpline* e ao *The Professionals Online Safety Helpline* (73%) também eram mulheres.

A estatística apresentada ratifica que as mulheres são um grupo vulnerável. Logo, mais um crime no rol daqueles relacionados à violência de gênero. E ainda: atrai a aplicação da Lei Maria da Penha porque seu artigo 5º dispõe que configura violência doméstica e familiar contra a mulher qualquer ação ou omissão que lhe cause sofrimento psicológico, que é exatamente a hipótese.

Além disso, a Lei nº 13.772/2018, conhecida como Lei Rose Leonel (ou, ainda, Lei Maria da Penha Virtual), alterou o art. 7º, II, da Lei Maria da Penha para incluir no conceito de violência doméstica condutas que importem violação da intimidade.

Registre-se que a Lei Maria da Penha, em seu art. 22, autoriza o juiz a aplicar diversas medidas protetivas de urgência em favor da vítima de violência doméstica e familiar. No entanto, no caso da pornografia de revanche, aquelas providências previstas nos incisos não costumam ter utilidade. Mas a lei, logo em seguida, oferece alternativa:

> § 1º. As medidas referidas neste artigo não impedem a aplicação de outras previstas na legislação em vigor, sempre que a segurança da ofendida ou as circunstâncias o exigirem, devendo a providência ser comunicada ao Ministério Público.

Portanto, a lei possibilita, por exemplo, a aplicação de multa ao infrator, ferramenta de coerção que pode se apresentar adequada para coibir a continuidade ou repetição da *porn revenge*.

Temos, assim, diversos instrumentos legais disponíveis para lidar com esse fato agora tipificado na lei penal, merecendo referência, ainda, a Lei nº 12.965/2014 (Lei do Marco Civil da Internet), que consagra a inviolabilidade da intimidade e da vida privada, bem como reafirma o direito da vítima à indenização:

> Art. 7º — O acesso à internet é essencial ao exercício da cidadania, e ao usuário são assegurados os seguintes direitos:
>
> I - inviolabilidade da intimidade e da vida privada, sua proteção e indenização pelo dano material ou moral decorrente de sua violação;"

A Lei do Marco Civil traz também importante previsão a respeito da guarda de registros de acesso e aplicações de internet, dispondo sobre o alcance da ordem judicial e também sobre as ações que autoridades podem tomar perante os provedores:

Art. 15. O provedor de aplicações de internet constituído na forma de pessoa jurídica e que exerça essa atividade de forma organizada, profissionalmente e com fins econômicos deverá manter os respectivos registros de acesso a aplicações de internet, sob sigilo, em ambiente controlado e de segurança, pelo prazo de 6 (seis) meses, nos termos do regulamento.

§ 1º. Ordem judicial poderá obrigar, por tempo certo, os provedores de aplicações de internet que não estão sujeitos ao disposto no caput a guardarem registros de acesso a aplicações de internet, desde que se trate de registros relativos a fatos específicos em período determinado.

§ 2º. A autoridade policial ou administrativa ou o Ministério Público poderão requerer cautelarmente a qualquer provedor de aplicações de internet que os registros de acesso a aplicações de internet sejam guardados, inclusive por prazo superior ao previsto no caput, observado o disposto nos §§ 3º e 4º do art. 13.

§ 3º. Em qualquer hipótese, a disponibilização ao requerente dos registros de que trata este artigo deverá ser precedida de autorização judicial, conforme disposto na Seção IV deste Capítulo.

§ 4º. Na aplicação de sanções pelo descumprimento ao disposto neste artigo, serão considerados a natureza e a gravidade da infração, os danos dela resultantes, eventual vantagem auferida pelo infrator, as circunstâncias agravantes, os antecedentes do infrator e a reincidência.

O arcabouço jurídico hoje existente para se lidar com a pornografia de vingança, fruto de um aperfeiçoamento legislativo constante, afigura-se bastante razoável. Mas não basta existir a lei. É fundamental que a polícia judiciária esteja devidamente aparelhada para acompanhar a evolução desses novos e desafiantes fatos, ao que se destaca que as delegacias especializadas em repressão aos crimes cibernéticos têm desempenhado importante papel, possuindo capacidade técnica de desvendar a origem de imagens ou registros lançados no mundo virtual, chegando, assim, aos autores desses delitos, o que inclui tanto o originador da postagem com o objetivo de vingança ou humilhação (artigo 281-C, *caput* e §1º do CP), quanto aqueles que se prestam a difundi-la (artigo 281-C, *caput*, do CP).

A polícia, em muitos casos, é acionada por dois canais do Ministério da Mulher, da Família e dos Direitos Humanos. Um deles é o Ligue 180, que recebe, analisa e encaminha denúncias de violações contra a mulher, podendo ser acessado por telefone ou e-mail. O outro é o Disque 100, que recebe, analisa e encaminha denúncias de violações de direitos humanos. Como consta do respectivo site, é um "pronto socorro" dos direitos humanos, atendendo inclusive a situações que acabaram de acontecer ou que estejam ainda em curso. Ambas *hotlines* funcionam ininterruptamente e podem ser contatadas pelas vítimas ou qualquer outra pessoa.

A pornografia de vingança existe, atinge principalmente as mulheres e, apesar dos instrumentos hoje disponíveis, a eventual condenação do criminoso, por maior que seja a pena, não apaga os danos causados, além da forte possibilidade de o material vazado, em razão das replicações na rede, jamais vir a ser excluído, a agravar as consequências do delito, com consequências psicológicas duradouras para a vítima, sujeita, ainda, à estigmatização.

Portanto, usemos as novas ferramentas tecnológicas, mas cientes de que sempre haverá riscos e que, no caso da pornografia de vingança, a precaução será sempre a melhor providência.

Às mulheres, por integrarem o grupo mais exposto, fica a dica do que já existe em seu favor, sabedoras de que têm abertas as portas da delegacia especializada na repressão desse crime, da delegacia de atendimento à mulher (DEAM) e, onde não as houver, a delegacia de polícia mais próxima, além do Ligue 180 e do Disque 100.

Aos potenciais infratores, a reflexão da poeta, lucidez, para que se deem conta de que se trata de conduta execrável e não a pratiquem. Do contrário e diante da perspectiva de serem identificados, sujeitam-se ao rigor da legislação penal, que agora é mais gravosa, sem prejuízo da responsabilidade civil expressamente prevista na lei e na Constituição.

O EMPODERAMENTO FEMININO NO MUNDO CORPORATIVO[VII]

(Migalhas, em 28/07/2022)

As mulheres, a despeito da contínua luta, ainda são preteridas em vários aspectos da vida econômica, política e social. A discriminação cultural de gênero, muitas vezes sutil, é um dos ingredientes dessa fórmula que contribui para que tenham menos acesso às posições de poder, o que inclui cargos de liderança no setor privado.

A *Fortune 500*, publicada pela *Fortune Magazine*, lista as maiores companhias norte-americanas e seus CEOs desde 1955. Mas foi só na edição de 1972 que uma mulher ingressou nesse seleto círculo: Katharine Graham, presidente do *Washington Post*.

Meio século se passou desde então e o número de mulheres em tal posição aumentou, mas ainda é retraído. A ONG Catalyst, que tem por foco a inclusão das mulheres no ambiente de trabalho corporativo, divulgou o estudo *Women CEOs of the S&P 500*, revelando que, em janeiro de 2022, apenas 33 mulheres (6,6%) eram *Chief Executive Officers* no universo das 500 maiores empresas listadas no índice *Standard & Poors*.

A presença feminina nos conselhos de administração é maior, embora ainda distante da paridade. Segundo a Catalyst, em 2021, todas as corporações ali relacionadas tinham ao menos uma conselheira em seus quadros e 30% dessas cadeiras eram ocupadas por mulheres.

A OCDE, organização intergovernamental voltada para o progresso econômico, publicou, em março de 2020, pesquisa a respeito da sub-representação das mulheres em conselhos. Para tanto, foram consideradas as 500 principais multinacionais, aferidas pelo valor de mercado, apurando-se que a participação feminina nesse grupo é de modestos 16%.

O estudo *Mulheres em ação*, da B3, publicado em outubro de 2021, levantou dados perante as 408 companhias listadas na principal bolsa brasileira, constatando-se que 61% delas têm diretorias exclusivamente masculinas e 45% não têm uma única mulher no conselho.

A Deloitte Brasil, em novembro de 2021, divulgou os resultados da pesquisa *Diversidade, equidade e inclusão nas organizações*, que analisou práticas e políticas de 215 empresas, tendo verificado que, naquelas em que há conselho de administração – que é o caso de mais da metade (56%) –, não há nenhuma mulher em 24% desses conselhos. Outra observação é que, para os respondentes, os entraves culturais são mais fortes do que os estruturais.

Esses obstáculos culturais existem e precisam ser removidos, pois só assim teremos uma maior atuação feminina no mundo corporativo. Para tanto, a palavra-chave é inclusão. Nesse contexto, organizações internacionais têm trabalhado o tema visando abrandar esse modelo empresarial preponderantemente masculino.

Os Objetivos de Desenvolvimento Sustentável (ODS) preconizados na Agenda 2030 das Nações Unidas, um pacto global celebrado em 2015, trata desse assunto em seu item nº 5: "alcançar a igualdade de gênero e empoderar todas as mulheres e meninas". Adiante, o subtópico 5.5 volta-se especificamente para o empoderamento feminino: "garantir a participação plena e efetiva das mulheres e a igualdade de oportunidades para a liderança em todos os níveis de tomada de decisão na vida política, econômica e pública". O ODS 5, portanto, conclama os países membros a desenvolverem ações práticas para se alcançar essa meta.

A OCDE, em conjunto com o G20, já vinha trilhando nessa mesma direção desde 1999, quando passou a publicar sobre princípios de governança corporativa com o intuito de auxiliar no desenvolvimento de políticas públicas com vistas à eficiência econômica, ao crescimento sustentável e à estabilidade financeira. No tocante à composição dos conselhos, assim como "na gestão de topo", destaca a pertinência do estabelecimento de cotas e outras iniciativas que aumentem a diversidade.

A Nasdaq, em agosto de 2021, passou a exigir das companhias listadas em seu índice que tenham ao menos uma mulher na diretoria, além de um membro que se identifique com uma minoria sub-representada. Outrossim, recomenda a diversidade nos conselhos.

A BlackRock, maior gestora de ativos do mundo, em sintonia com a agenda ESG, estipulou em seus "princípios globais" que, a partir de janeiro de 2022, as empresas deveriam compor pelo menos 30% de seus conselhos com base em critérios de diversidade, observando, ainda, o mínimo de duas mulheres e ao menos um conselheiro que se identifique com uma minoria sub-representada.

Regras assim, no tocante à inserção feminina, são muitas vezes referidas, de forma depreciativa, como *Pink Quotas*, a sugerir que políticas dessa natureza não seriam norteadas pelo mérito da pessoa. Entretanto, sua aplicação não é para "ajudar" mulheres a atingirem o ápice da pirâmide corporativa, mas para afastar barreiras que historicamente as têm impedido de caminhar nessa direção.

A propósito, há um fator utilitário a respeito dessa diversidade que a OCDE tem destacado: mais mulheres em diretorias e conselhos tem significado mais lucros. Além disso, a presença feminina no mundo empresarial traz maior pluralidade de pensamento e contribui para o resgate da dívida social decorrente da desigualdade de gênero.

Aos que temem as cotas e outras ações afirmativas, importante frisar que não são desenhadas para durarem por tempo indeterminado. São uma alavanca que auxilia na melhor partilha do poder e, habituando-nos com sua entrada em cena, espera-se que a nova cultura retroalimente valores sociais mais saudáveis.

Para concluir, três destaques sobre a gestão de Katharine Graham no *Washington Post*: liderou a gigante da mídia por quase três décadas, a empresa teve um aumento de receita da ordem de um bilhão de dólares e o jornal participou, junto com o *New York Times*, na divulgação do *Pentagon Papers*, um dos fatores que resultou no escândalo *Watergate* e queda do presidente norte-americano Richard Nixon. Assim, a pioneira mostrou que competência é um atributo comum a homens e mulheres. Quanto à coragem, deu aula.

AS PIONEIRAS[VIII]

(Revista da Andes, julho/setembro de 2022)

*"As pegadas das primeiras pavimentam
o caminho das que lhes sucedem."*
(Wagner Cinelli)

Dois cursos de Direito foram criados no Brasil em 1827, um em Olinda e o outro em São Paulo, mas foi só em 1902 que tivemos a primeira mulher bacharel, Maria Augusta Saraiva, que se tornou referência no tema da presença feminina no mundo jurídico. Advogada, com atuação no Tribunal do Júri, viveu em um mundo dominado pelos homens, que é praticamente o mesmo encontrado pelas pioneiras da magistratura, sendo Auri Moura Costa a primeira delas.

Auri ingressou no TJCE em 1939, promovida a desembargadora em 1968 e a presidente do TRE-CE em 1974-1976. Foi a número um, mas a fileira das juízas desbravadoras tem muitos nomes: Thereza Grisólia Tang, juíza no TJSC (1954), desembargadora (1975) e presidente daquela Corte (1989-1990); Mary de Aguiar Silva, juíza no TJBA (1962), primeira magistrada negra do Brasil; Shelma Lombardi de Kato, juíza no TJMT (1969), desembargadora (1979) e presidente do Tribunal (1991-1993); Maria Thereza de Andrade Braga Haynes, juíza do TJDFT (1974), desembargadora (1980), presidente do TRE-DF (1986-1988) e do TJDFT (1988-1990); Doris Luise de Castro Neves, juíza do TRT-1 (1969), promovida ao Segundo Grau (1993) e presidente da Corte (2007-2009); Ellen Gracie Northfleet, procuradora da República (1973), desembargadora do TRF-4 (1989), ministra do STF (2000) e primeira presidente da Suprema Corte (2006-2008); e Renata Gil, juíza no TJRJ (1998) e primeira presidente da AMB (2020/2022).

Certamente que a lista acima não é exaustiva, pois há outras valorosas julgadoras que trilharam esse caminho antes interditado às mulheres.

Vejamos a participação feminina no TJSP. São Paulo é o estado de maior pujança econômica no panorama nacional e sua capital é a cidade mais populosa da América Latina. Entretanto, as mulheres passaram a integrar o TJSP apenas a partir de 1980 e, consoante declaração do desembargador Luiz Elias Tâmbara quando presidente daquele Tribunal, assim se dava por conta de "um conservadorismo que existia no Estado de São Paulo, não porque fosse proibido. Os candidatos eram identificados nas provas escritas, e as mulheres eram reprovadas".

Esse quadro de obstáculos vai se dissipando, e a presença feminina vem aumentado no Judiciário. Estudo do CNJ corrobora que, em 1988, as mulheres eram 24,6% dos magistrados em exercício no país e, em 2018, 38,8%. Há, ainda, o ingresso nos Tribunais pelo quinto constitucional e, ao menos até aqui, as listas remetidas pelo MP e pela OAB ostentam poucas candidatas, a manter estreita sua entrada nas Cortes por essa via. Assim, apesar dos avanços, a desigualdade ainda perdura.

Como diz a escritora Chimamanda, precisamos mudar a cultura e, nesse sentido, as pioneiras deram sua inestimável contribuição. Que sejam nossos exemplos e que honremos sua lição.

HOMENS QUE MATAM MULHERES[IX]

(Monitor Mercantil, em 08/08/2022)

A tragédia *Otelo, o mouro de Veneza*, de William Shakespeare, escrita há mais de 5 séculos, ganhou o mundo. Na trama, o personagem principal, general Otelo, cego de ciúmes, avisa sua mulher Desdêmona de que sua hora chegou e a asfixia em seu leito, matando-a.

O feminicídio, como outros fatos sociais, é antigo e universal. Por tal motivo, estar na literatura é apenas um reflexo da realidade. Mulheres são mortas, vítimas de violência de gênero, todos os dias no mundo inteiro e, para usar os termos da lei brasileira, suas vidas são ceifadas "por razões da condição de sexo feminino" (artigo 121, § 2º, VI, do Código Penal).

Esse crime, antes da Lei 13.104/2015, era capitulado como homicídio. Por isso, os dados sobre feminicídio no gráfico abaixo são de 2016 em diante, retirados do *Anuário Brasileiro de Segurança Pública*, que compila e analisa informações fornecidas por diversas agências que integram a Justiça Criminal, incluindo polícias civis, militares e federal.

VÍTIMAS DE FEMINICÍDIO NO BRASIL

2016	2017	2018	2019	2020	2021
929	1075	1229	1330	1354	1341

Fonte: Anuário Brasileiro de Segurança Pública

Verifica-se um crescimento no número de vítimas no período de 2016 a 2020, que praticamente se mantém em 2021, valendo lembrar que pode haver feminicídio que, por não ter a autoria ou a motivação esclarecida, acaba sendo classificado como homicídio e, desse modo, fica de fora da estatística dos delitos de gênero.

Portanto, consoante o Anuário, são quase quatro mulheres por dia vítimas desse crime de ódio no Brasil, sendo que, na maioria das vezes, seus assassinos são pessoas com quem tiveram relações de afeto ou parentesco.

O assunto, portanto, é gravíssimo e, quando tratamos do feminicídio, devemos considerar que aquela mulher não foi vítima de um único delito. Sua vida lhe é arrebatada como o ápice de uma série de atos de violência. Nesse sentido, como destacam os professores Margo Wilson e Martin Daly no artigo *Till Death Us Do Part*: "...matar é apenas a ponta do *iceberg*. Para cada esposa assassinada, centenas são espancadas, coagidas e intimidadas".

Significa que a cadeia de violência que atinge uma mulher nessa situação pode ser interrompida, evitando-se a subtração de sua vida. Para tanto, a primeira providência é reconhecer-se em risco e quebrar o silêncio. Afinal, mulheres que vivem um relacionamento abusivo costumam ter dificuldade para falar sobre isso, seja por se sentirem sem apoio, seja por vergonha. O caminho, pois, é procurar as pessoas de sua confiança ou os canais disponíveis, que são o Disque 100, o Ligue 180, a DEAM, o órgão de assistência judiciária e as demais instituições voltadas para a questão.

O rompimento do silêncio, seguido da ação pertinente, pode ser a diferença entre a vida e a morte. Do contrário, a realidade corre o risco de imitar a ficção. Afinal, Desdêmona não acreditou quando seu marido anunciou sua intenção assassina, ao passo que, em muitos enredos, o feminicida sequer avisa o momento do golpe fatal.

SEGURANÇA PÚBLICA E VIOLÊNCIA DE GÊNERO[x]

(Revista Justiça & Cidadania, em 26/08/2022)

Somos constantemente impactados por notícias sobre a criminalidade. São as inovações do crime organizado, a expansão territorial das milícias, os crimes executados com extrema crueldade e tantos outros delitos que nos trazem preocupação em relação à nossa segurança, de nossa família e de nossa comunidade, impelindo-nos, inclusive, a alterar nossos hábitos.

A segurança pública, de fato, tem centralidade em nossa vida social e exatamente por isso é tratada na Constituição Federal:

> "Art. 144. A segurança pública, dever do Estado, direito e responsabilidade de todos, é exercida para a preservação da ordem pública e da incolumidade das pessoas e do patrimônio, através dos seguintes órgãos:
>
> I – Polícia Federal;
>
> II – Polícia Rodoviária Federal;
>
> III – Polícia Ferroviária Federal;
>
> IV – polícias civis;
>
> V – polícias militares e corpos de bombeiros militares.
>
> VI – polícias penais federal, estaduais e distrital."

A legislação infraconstitucional mais relevante sobre o tema é a Lei nº 13.675/2018, que disciplina a organização e o funcionamento dos órgãos responsáveis pela segurança pública, institui o Sistema Único de Segurança Pública e cria a Política Nacional de Segurança Pública e Defesa Social:

> Art. 1º Esta Lei institui o Sistema Único de Segurança Pública (Susp) e cria a Política Nacional de Segurança Pública e Defesa Social (PNSPDS), com a finalidade de preservação da ordem pública e da incolumidade das pessoas e do patrimônio, por meio de atuação conjunta, coordenada, sistêmica e integrada dos órgãos de segurança pública e defesa social da União, dos estados, do Distrito Federal e dos municípios, em articulação com a sociedade.

O artigo seguinte da Lei reafirma o dever do Estado e a responsabilidade de todos: "Art. 2º A segurança pública é dever do Estado e responsabilidade de todos, compreendendo a União, os estados, o Distrito Federal e os munícipios, no âmbito das competências e atribuições legais de cada um".

A Constituição e as leis dão o norte, mas muitas vezes há um hiato entre o direito escrito e sua realização. Por isso, o debate é fundamental, assim como também o são – e dele decorrem – as cobranças que a sociedade faz aos governantes.

Políticas públicas são importantes para a consecução de objetivos dessa natureza e, para que sejam bem estruturadas, deve-se trabalhar com o máximo de informações em termos de quantidade e de qualidade. Daí o papel dos estudos, merecendo destaque o *Anuário Brasileiro de Segurança Pública*, publicado pelo Fórum Brasileiro de Segurança Pública desde 2007 e que traz dados colhidos perante as secretarias de segurança pública estaduais, as polícias e outras fontes, compilando-as e fornecendo uma fotografia da segurança pública brasileira. Trata-se de instrumento indispensável, com o potencial de contribuir para o debate e o desenvolvimento de políticas públicas a respeito do tema da segurança.

Todavia, por mais acuradas que sejam, as pesquisas que envolvem estatística criminal se deparam com um fator que representa dificuldade metodológica, que é a taxa de subnotificação decorrente de a vítima não noticiar à autoridade o delito sofrido. Essa omissão do sujeito passivo é fato sabido e, inclusive, alertado no Anuário.

Essa taxa de sub-registro, a depender do crime, pode variar bastante. Na hipótese de subtração de veículo, por exemplo, o lesado raramente deixa de formalizar a ocorrência, seja para receber a indenização securitária, se tiver apólice de seguro, seja para prevenir responsabilidades. O homicídio, como destacado no Anuário, é outra infração penal bastante notificada e tal se dá em razão de sua gravidade e também porque é delito não transeunte, ou seja, que deixa vestígios, no caso, o cadáver.

Entretanto, há infrações penais em que a subnotificação é alta. A esse respeito, o Anuário abordou os delitos sexuais e salientou o seguinte: "Já no caso dos crimes sexuais, uma grande parte da subnotificação se explica pelos custos em que a vítima incorre ao denunciar, tais como exposição a julgamento social ou revitimização por parte das autoridades que deveriam protegê-la".

O Anuário, ao tratar do estupro, inclusive de vulnerável, destacou o elevado número de vítimas verificado ao longo de uma década e também a alta taxa de subnotificação:

> Ao longo da última década (2012 a 2021), 583.156 pessoas foram vítimas de estupro e estupro de vulnerável no Brasil, segundo os registros policiais. Apenas no último ano, 66.020 boletins de ocorrência de estupro e estupro de vulnerável foram registrados no Brasil, taxa de 30,9 por 100 mil e crescimento de 4,2% em

relação ao ano anterior. Estes dados correspondem ao total de vítimas que denunciaram o caso em uma delegacia de polícia e, portanto, a subnotificação é significativa.

Como já sedimentado na doutrina e na legislação, a violência sexual contra a mulher é uma das formas de violência de gênero, que, a seu turno, pode ser violência doméstica e familiar, como é o estupro marital. Nessas confluências, há diversos outros motivos a contribuir para o silêncio da vítima. Pode estar enredada em uma situação abusiva, com dependências emocional, psicológica e material, muitas vezes com prole para cuidar e manter, além do medo de sua situação se agravar, de o agressor se tornar ainda mais violento, podendo se sentir – e realmente estar – com sua vida em perigo.

Essa sensação de perigo não é à toa. Afinal, 1.341 mulheres foram vítimas de feminicídio em 2021, e o principal autor é o companheiro ou ex-companheiro (81,7%), seguido de parente (14,4%).

Uma palavra muitas vezes usada para representar essa violência doméstica contra a mulher em sua modalidade mais grave é *iceberg*. Nas palavras de Enrique Gracia, professor catedrático de Psicologia Social da Universidade de Valência:

> Uma imagem na qual os casos relatados de violência doméstica contra a mulher (geralmente o ponto mais grave da violência) e homicídio de mulheres por seus parceiros íntimos representa apenas a ponta do *iceberg*. De acordo com essa metáfora, a maioria dos casos está submersa, supostamente invisível para a sociedade.

Assim, no âmbito da violência doméstica e familiar, pode-se afirmar que para cada feminicídio há uma infinidade de crimes contra a mulher, como ameaças, lesões corporais e crimes sexuais que sequer são reportados, engrossando a chamada cifra oculta, aquela que, embora exista, fica longe da vista e não aparece na estatística oficial.

O desafio é incentivar esse contingente de vítimas invisíveis, que é a parte submersa do iceberg, a romper o silêncio e vir à tona. Entretanto, estimular que as pessoas peçam socorro às polícias com o propósito de registrarem ocorrência não é a melhor medida para certos tipos de criminalidade. Certamente, não é a providência indicada diante do crime organizado nem da milícia, por exemplo, sendo mais prudente que o noticiante nesses casos se utilize do anonimato. Mas na violência de gênero, especialmente aquela que ocorre no contexto doméstico e familiar, pode ser a diferença entre a morte e a sobrevivência.

Segundo o Anuário, com relação à violência doméstica, houve um maior acionamento do número 190, totalizando 619.353 ligações em 2021, contra 595.705 em 2020, o que representa um aumento de 4%.

Consigna-se que o Anuário, a respeito das variações em crimes de gênero, revela que houve uma pequena redução no número de feminicídios – de 1.354 em 2020 para 1.341 em 2021 – mas, de outro lado, no mesmo período, houve crescimento em praticamente todos os indicadores relativos à violência contra mulheres, como as taxas de registros de ameaça e lesões corporais dolosas em contexto de violência doméstica, bem como de assédio sexual e importunação sexual.

A violência de gênero, mesmo subnotificada, contribui para a estatística criminal geral, havendo muito a ser feito para a redução dessa chaga social. A meta, portanto, é suspender esse grande bloco de gelo o máximo possível para cima da linha d'água. Para tanto, precisamos contar com a melhor articulação entre as instituições responsáveis pela segurança pública, com a elaboração e revisão constante das políticas públicas, que devem estar acompanhadas de campanhas de esclarecimento e prevenção permanentes, nas mídias, nas escolas, enfim, em todos os lugares.

Assim fazendo, o Estado estará cumprindo com o dever previsto na Constituição e na lei, sem perder de vista que nos cabe fiscalizar e contribuir para que esse mister seja alcançado, pois, afinal, a responsabilidade da segurança pública é de todos nós. Essa redução da distância entre o direito positivo e a realidade propiciará que as notícias que nos chegarão no futuro, que se quer vizinho, haverão de refletir um quadro reduzido de criminalidade, especialmente aquela que atinge o grupo historicamente vulnerável à violência de gênero, que é o das mulheres de nosso país.

Referências:

FÓRUM BRASILEIRO DE SEGURANÇA PÚBLICA. **Anuário Brasileiro de Segurança Pública 2022.** São Paulo: FBSP, 2022. p. 488.

Ibid, p. 186.

Ibid, p. 173.

GRACIA, Enrique. Unreported cases of domestic violence against women. In **Journal of Epidemiology and Community Health**, 2004, n. 58, p. 536-537.

FÓRUM BRASILEIRO DE SEGURANÇA PÚBLICA. **Anuário Brasileiro de Segurança Pública 2022.** São Paulo: FBSP, 2022. p. 162.

Ibid, p. 167.

DESAPARECIDAS[XI]

(O Dia, em 08/09/2022)

No conto *João e Maria*, dos irmãos Grimm, duas crianças se perdem na floresta e acabam aprisionadas por uma bruxa que pretendia engordá-las para devorá-las. No final, elas se salvam e regressam para a sua família sãs e salvas. O desaparecimento de pessoas é um fato grave e, nos enredos da vida real, o final nem sempre é o retorno à casa.

A respeito do assunto, tratemos aqui das ocorrências em que a pessoa não desaparece propriamente, mas é desaparecida, notadamente quando é vítima de um crime de homicídio, tem o seu cadáver ocultado e sua ausência é reportada à polícia. Vejamos duas situações emblemáticas sobre o tema, com o foco no feminicídio praticado pelo marido:

A primeira delas ocorreu nos EUA. Ann Margaret Berry estava grávida do terceiro filho quando desapareceu em 1991. Sua irmã indagou a Kevin James Lee, marido de Ann, sobre o paradeiro dela, e a resposta foi que a esposa tinha fugido com o amante. Kevin logo se mudou de estado levando consigo os dois filhos.

Passados 20 anos, jovens acampavam no bosque perto da antiga casa da família Berry quando encontraram um plástico contendo um esqueleto, que veio a ser identificado como sendo de Ann. Levado a julgamento pelo Júri, no Condado de Coweta, na Geórgia, Kevin foi condenado pela morte da mulher grávida e pela ocultação de cadáver, recebendo a pena de prisão perpétua.

O outro fato ocorreu no Brasil, na cidade mineira de Juiz de Fora, em 2019, ficando conhecido como o "Caso Cláudia". Apesar de separados, o ex-casal continuava a residir na mesma casa com seus dois filhos. A vítima foi dada por desaparecida e seu ex-marido, Jaime Tristão Alves, simulou interesse em encontrá-la, inclusive participando das buscas. O cadáver da vítima foi localizado cinco meses após o assassinato. Julgado pelo Tribunal do Júri, Jaime foi condenado a um total de 23 anos de prisão, sendo 21 pelo feminicídio e o remanescente pela ocultação de cadáver.

Aliás, hoje, com a entrada em vigor da Lei 14.344, de 2022, que introduziu alterações no Código Penal, a sanção aplicável ao feminicídio praticado pelo cônjuge ou companheiro tem uma majorante de 2/3. Logo, uma penalidade de 21 anos, acrescida dessa fração, resultaria em um total de 35 anos de reclusão.

Decerto que as mortes de Ann e Cláudia são duas gotas no oceano de feminicídios praticados por companheiros. São casos de homens que matam e tentam ludibriar a todos com uma história falsa, cujo objetivo é afastar de si as suspeitas sobre a autoria do delito. Alguns deles têm sucesso com sua estratégia de dissimulação. Há, entretanto, os crimes que são solucionados. Às vezes com certa demora, como no "Caso Ann", outras mais rapidamente, como no "Caso Cláudia".

De toda sorte, nesses "desaparecimentos" que são desvendados, a pena imposta ao criminoso é sempre alta, fato que deveria servir de desestímulo àqueles que cogitam caminhar por essa via torta. Assim, seja pelo rigor da lei, seja pela conscientização, que cada vez mais a vida possa reproduzir a moral dos contos infantis, onde os vulneráveis superam as maldades e os finais são felizes.

SÓ MENINOS SÃO BEM-VINDOS?[XII]

(Monitor Mercantil, em 14/09/2022)

Estudava na Inglaterra em 1999 quando minha esposa ficou grávida de nosso primeiro filho. Felizes, devoramos o livro *O que esperar quando você está esperando* e passamos a frequentar o centro médico mais próximo de nossa casa. Ao indagarmos a doutora se no exame de ultrassonografia poderíamos saber o sexo da criança, respondeu negativamente. No caso, a impossibilidade não era técnica, mas decorrente de uma política pública. Explicou-nos que havia pessoas pertencentes a culturas que preferem filhos homens e, quando descobriam que o feto era do sexo feminino, partiam para o aborto. O sistema de saúde inglês, considerando esse fato, teve que determinar se essa informação sobre o bebê seria partilhada ou negada. Escolheu a segunda opção.

Com efeito, a seleção de crianças baseada no sexo é uma realidade. O avanço tecnológico permitiu determiná-lo na concepção ou descobri-lo durante a gestação, mas já existia uma mortandade dirigida às meninas no pós-parto ou então eram simplesmente negligenciadas, não recebendo os mesmos cuidados dispensados aos meninos.

Essa mortalidade atribuída à negligência ou outras formas de seleção de sexo pós-natal ainda persiste. O Fundo de População das Nações Unidas (UNFPA), em estudo sobre a morte de meninas com menos de 5 anos de idade, indica que, no grupo de países analisados, a Índia ostentava a mais alta taxa (11,7%), considerado o ano de 2012.

Técnicas de fertilização que determinam o sexo e também exames que permitem sabê-lo durante a gravidez são peças fundamentais para se entender a disparidade de nascimentos de meninas e meninos que é verificada em alguns lugares. O UNFPA aponta que é biologicamente esperado o nascimento de 102 a 106 meninos para cada 100 meninas. A Índia, no período de 2015–2017, apresentou a média de 111,6 meninos para 100 meninas. Portanto, números que denotam práticas de seleção por sexo, a privilegiar os meninos.

A China é outro país que vive esse desequilíbrio, e um dos motivos para a preferência pelo menino decorria da política do filho único, que perdurou de 1980 a 2015, juntamente com a expectativa de que o homem estaria mais apto do que a mulher para cuidar dos pais na velhice. Segundo o Fundo das Nações Unidas para a Infância (Unicef), de 2015–2017, a média de nascimentos na China foi de 112,9 meninos para 100 meninas. Logo, números ainda mais contundentes que os encontrados na Índia no mesmo intervalo.

O UNFPA assinala que tais práticas de seletividade representam na atualidade o "desaparecimento" de aproximadamente 140 milhões de meninas e mulheres, sendo que a liderança é exatamente dos dois países acima referidos, Índia e China. Aliás, liderança, mas não exclusividade.

A preferência com relação ao sexo da criança é uma forma de discriminação de gênero. Com o objetivo de combatê-la, organizações internacionais têm trabalhado com diversos países visando à conscientização de suas populações, de maneira que a igualdade se realize desde antes do nascimento, a permitir que as meninas sejam tão bem-vindas quanto os meninos.

AS PLACAS DE ITATIAIA[XIII]

(Diário do Vale, em 14/09/2022)

Fotografia: Sonita Palmer |
Imagem cedida pela Secretaria de Políticas
para as Mulheres do Município de Itatiaia

A Assembleia Geral da ONU, em 1979, aprovou a Convenção sobre a Eliminação de todas as Formas de Discriminação contra a Mulher (CEDAW, em inglês). Como o título indica, seu objetivo é que os Estados signatários – e nosso país é um deles – adotem medidas em favor da igualdade de gênero e do empoderamento feminino.

A estrada para o atingimento dessa meta é longa. Tanto assim que já se passaram mais de 40 anos desde sua aprovação e a questão segue atual. No Brasil, além de contínuas alterações na legislação penal para maior proteção à mulher, um marco em favor dessa pauta foi a edição da Lei Maria da Penha, em 2006. Fato é que não ficamos um dia sem notícias de tragédias que vitimam mulheres por serem mulheres. Por isso, é necessário insistir no debate até que alcancemos a almejada igualdade. Estudos e pesquisas sobre a violência de gênero contribuem para conhecermos melhor essa realidade e, assim, desenvolvermos políticas públicas eficientes.

Visível e Invisível, realizada pelo Fórum Brasileiro de Segurança Pública em conjunto com o Datafolha, é uma dessas pesquisas. Baseada em entrevistas feitas em maio de 2021, apontou que 25% das mulheres de 16 anos ou mais tinham sido vítimas de algum tipo de violência nos últimos 12 meses no Brasil, a confirmar algo já bem sabido, que é serem as mulheres um grupo vulnerável à violência.

Vejamos um outro dado dessa enquete, revelador de algo menos sabido, que são as cifras a respeito da atitude da vítima diante das agressões mais graves: 12% buscaram a delegacia da mulher, 7% foram a outras delegacias, 7% acionaram a PM, 2% ligaram para o 180, 22% procuraram ajuda na família, 13% recorreram a amigos e 45% não fizeram nada. De fato, essa estatística revela uma informação importante, que é a baixa procura das instituições pelas vítimas, notadamente pelo somatório desses três últimos grupos (80%), que recorreram a parentes e amigos ou simplesmente nada fizeram. Logo, um número significativo de mulheres vítimas que não procuraram as instituições ou canais oficiais.

Decerto que há um aspecto cultural que contribui para essa situação. Afinal, algumas vítimas afirmam não confiarem nas instituições e outras temem sofrer revitimização, entre outros fatores. A chave, portanto, é mudar a cultura. Não é fácil, mas é possível, e um dos caminhos são as campanhas públicas.

O Ministério da Mulher, da Família e dos Direitos Humanos sempre promove ações de conscientização através da televisão e também das redes sociais. Neste 2022, lançou a campanha "Agosto Lilás", voltada para a conscientização pelo fim das diversas formas de violência de gênero. Alguns estados e municípios também promovem realizações semelhantes.

Mas a verdade é que precisamos de mais campanhas e, no último dia 8 de setembro, o Município de Itatiaia, no Rio de Janeiro, por sua Secretaria de Políticas Públicas para Mulheres, lançou "Placas Conscientizadoras", iniciativa pioneira que tem como principal linha de atuação a instalação de placas com frases contra a violência e pela isonomia de gênero, como "Não se cale. Denuncie a violência contra a mulher!", "Itatiaia pela igualdade de gênero" e "Basta de violência contra a mulher". Assemelham-se a placas de trânsito e ficam ali, integradas ao mobiliário urbano, passando suas mensagens de forma permanente, como se fossem mini *outdoors*, a inspirar as pessoas a pensarem sobre tudo isso.

O debate é fundamental para o enfrentamento da violência de gênero, pois propicia o surgimento de novas ideias, como as "Placas Conscientizadoras", ficando aqui a torcida de que sejam reproduzidas pelos municípios Brasil afora porque, como dito, mudar a cultura não é fácil, mas é para lá de urgente.

QUANDO OS FATOS SOCIAIS SE TORNAM JURÍDICOS[XIV]

(Consultor Jurídico, em 06/10/2022)

Pensemos em um médico estudando o aparelho respiratório humano ou em um biólogo interessado no ciclo de vida de uma lagarta. Pois Émile Durkheim queria compreender melhor a sociedade e concluiu que seria fundamental observar os fatos sociais, tratando-os como coisas, tal e qual os cientistas das ciências médicas e biológicas faziam com os objetos de seus estudos.

Assim, na obra *As regras do método sociológico*, Durkheim apontou que o fato social possui três características: a generalidade, pois é sempre coletivo; a exterioridade, visto que existe fora do indivíduo; e a coercitividade, que é uma imposição ao indivíduo das crenças e valores de seu grupo social.

Desponta, então, uma questão, que é sobre a transformação do fato social em jurídico. Com efeito, nem todo fato social é jurídico. Para sê-lo, deve importar ao direito, de forma que ocorra a sua juridicização, que se dá com a sua inclusão na lei. O casamento, por exemplo, é um fato social que, por haver previsão legal, também é fato jurídico. Além da lei, esse — por assim dizer — *upgrade* do fato social pode acontecer também pelo pronunciamento dos tribunais, como será demonstrado com três exemplos.

O Supremo Tribunal Federal, em 1964, a respeito das uniões conjugais informais, editou a Súmula 380: *"Comprovada a existência de sociedade de fato entre os concubinos, é cabível a sua dissolução judicial, com a partilha do patrimônio adquirido pelo esforço comum"*.

Antes desse marco, um sem número de pessoas seguia juridicamente desamparada, sem direito à partilha dos referidos bens e sem pensão alimentícia. Nesse quadro, as mais prejudicadas eram as mulheres, ainda mais naqueles idos em que a sua participação no mercado de trabalho era ainda mais modesta. Posteriormente à súmula, essa proteção foi ratificada e ampliada por leis e, inclusive, por dispositivo constitucional (artigo 226, § 3º, da Constituição da República de 1988).

Outro caso emblemático da Suprema Corte sobre direito não contemplado em lei aconteceu em 2011, quando, por unanimidade, julgou conjuntamente a Arguição de Descumprimento de Preceito Fundamental 132 e a Ação Direta de Inconstitucionalidade 4.277, reconhecendo não haver distinção entre as relações estáveis heteroafetivas e as homoafetivas, ambas a merecer a aplicação isonômica da legislação que regula a união estável.

Um exemplo recente de atuação do Judiciário remodelando o ordenamento jurídico ocorreu em 2022, quando a 6ª Turma do Superior Tribunal de Justiça, por unanimidade, deu provimento a recurso do Ministério Público do Estado de São Paulo, decidindo que a Lei Maria da Penha (LMP) é aplicável à violência contra a mulher trans. O relator, ministro

Rogerio Schietti Cruz, considerou a distinção entre gênero e sexo biológico, tendo pontuado que muitas vezes os dois não coincidem e que a LMP visa proteger *"a mulher em virtude do gênero, e não por razão do sexo"*. Dessa maneira, mulher trans é mulher, aplicando-se em seu favor os dispositivos da lei mencionada.

Seguindo a antiga lição de Durkheim, observemos os fatos sociais para melhor compreendermos nossa sociedade, cientes de que novos fatos surgirão e novos direitos idem, a provocar a atuação de legisladores e de magistrados, que serão instados a responder, ainda que com atraso, às demandas de seu tempo.

VIOLÊNCIA CONTRA A MULHER: HOMENS QUE LADRAM E MORDEM[XV]

(Gazeta do Povo, em 09/10/2022)

Imagem ilustrativa | Foto: Unsplash
Publicada com o artigo

Era uma vez dois cachorros.

Lilica mora lá em casa faz 12 anos. Adquirida como Lhasa, é sempre tomada por Shitzu e seu pelo bicolor lembra o sorvete Carioca da Kibon. Sobre a propriedade, há uma disputa: acho que sou o dono dela, e ela tem certeza do contrário. Nesse ponto, uma espécie de Garfield canino. Seu comportamento é igualmente antissocial na interação com humanos e outros cães, o que é confirmado pelo latido sem fim que democraticamente dispensa a todos. A valentona late, mas não passa disso.

Outra dileta figura de meu círculo é Getúlio Vargas, assim batizado porque foi atropelado quando atravessava descontraído a avenida de mesmo nome, em Curitiba. Acudido, não recebeu os primeiros socorros de forma adequada. Acolhido por meu sogro e após os devidos cuidados, voltou a pisar com as quatro patas e já está correndo de novo. Diferentemente de Lilica, não paira dúvida sobre a sua viralatice. Sua pelagem, tomando de novo sorvete por referência, é chocolate. Quanto ao temperamento, é dócil, do tipo vai com todos. Entretanto, mesmo sendo tão amistoso, late, demonstrando uma predileção por ciclistas. Sim, late, mas como Lilica, não morde.

Lilica e Getúlio confirmam o dito popular "cão que ladra não morde", a significar que quem ameaça não concretiza. Todavia, devemos ter muita cautela diante das intimidações feitas por humanos, especialmente se forem homens ameaçando mulheres, lição essa que recebemos do noticiário, que nos traz casos de feminicidas que prenunciaram sua intenção assassina. Foi exatamente o que aconteceu com Sandra e Alan.

Sandra Mara Curti, residente em Londrina, chegou a requerer medida protetiva por conta das ameaças do ex-marido, Alan Borges, que acabou por cumpri-las, matando a ex-mulher com 22 facadas na presença dos dois filhos do casal. Levado a julgamento pelo júri, foi proferida sentença condenatória, confirmada pelo Tribunal de Justiça do Estado do Paraná, que fixou a pena em 33 anos e 4 meses de reclusão.

Alan, como tantos outros que perfilham roteiro semelhante, pautou-se por uma ideia que ainda perdura: "se não for minha, não será de mais ninguém". Nem mesmo a reprimenda alta, como a que recebeu, é suficiente para frear a fúria assassina desse tipo controlador, que prefere perder a liberdade a ver a ex-companheira seguir a vida sem a sua interferência.

Aliás, essa concepção de ser dono do destino dela tem lastro na cultura machista que prega ser a mulher propriedade do homem, sujeitando-se às vontades dele. Afinal, um macho que não dá as cartas é como um atacante que não faz gol.

Homens assim impregnados dessa masculinidade tóxica ladram e mordem. Portanto, estejamos sempre atentos ao primeiro latido para que não ocorra sua repetição e – menos ainda – a mordida que pode ser fatal.

O PRESENTE DE GREGO[XVI]

(Revista Justiça & Cidadania, em 17/10/2022)

Heloísa reside em uma cidade do interior do Brasil, tem 52 anos de idade e dedicou sua vida à família. Com o divórcio e a saída dos filhos da casa, passou a se sentir solitária, descobrindo as redes sociais. Uma noite, recebeu convite de amizade de "um estrangeiro". O homem, gentil e galanteador, disse ser capitão do exército alemão e estava fardado na foto de seu perfil. Explicou que falava bem português porque tinha morado no Brasil na juventude. Foram vários dias seguidos de conversa na Internet e Heloísa começou a se apaixonar por ele.

Já se consideravam namorados virtuais e a boa notícia foi quando ele contou que viria de férias para o Brasil, para conhecê-la pessoalmente e viajarem pelo país. Queria levá-la a Foz do Iguaçu para verem as Cataratas, a Salvador e à Floresta Amazônica. Havia, entretanto, uma preocupação que, na verdade, seria apenas um detalhe: precisava enviar o dinheiro antecipadamente por causa do limite imposto a viajantes, o que poderia dar problema tanto em sua saída da Alemanha quanto na entrada no Brasil.

Klaus, então, pediu o endereço de Heloísa para lhe mandar um presente, um pequeno cofre com o dinheiro que o casal usaria em seu *tour* pelo país.

O endereço foi fornecido, e dois dias depois ela é contatada pela transportadora, que avisa que os custos do envio da encomenda tinham sido quitados na origem, mas o valor do frete tinha sido pago a menor e, portanto, ela teria que fazer o complemento da diferença para que a mercadoria seguisse ao destino. Era R$ 1 mil e poderia ser pago por depósito ou PIX para a conta indicada. Heloísa não dispunha desse montante e, assim, recorreu a uma amiga.

Um dia após ter efetuado a transferência, recebe uma notícia desanimadora: o pacote ficou retido na alfândega da Bolívia. Juntamente com essa mensagem, uma foto da embalagem com seu nome e endereço. Mas não deveria se preocupar porque era só uma questão burocrática e o pagamento de uma taxa resolveria. Assim, fez contato com o namorado alemão, que disse lamentar o transtorno e que, como o problema estava ocorrendo na América Latina e ele estava na Europa, pedia que Heloísa solucionasse a pendência.

Não tendo o dinheiro, fez empréstimo com um agiota na certeza de que agora tudo daria certo. Enviou o comprovante para a transportadora e dormiu mais tranquila aquela noite, sonhando com o encontro do amado e a prometida lua-de-mel.

Passados dois dias, nova informação da transportadora. A encomenda chegou no Brasil, mas a alfândega no Aeroporto de Guarulhos apreendeu a mercadoria e, como era dinheiro, tinha imposto de renda a ser pago: três mil reais.

Heloísa ficou desesperada com a má notícia. Mandou mensagem para o alemão, que repetiu o argumento da conversa anterior e disse que ela poderia se ressarcir desses prejuízos com o dinheiro que estava no cofre. Parecia razoável, só que agora não tinha a quem recorrer. Passou a noite em claro e, no meio da madrugada, encontrou a solução: ligar para um ex-patrão, que certamente haveria de lhe adiantar a quantia.

Ansiosa por resolver o contratempo, às sete da manhã em ponto, telefonou para pedir o dinheiro. Apesar do sono, o ex-patrão escuta atentamente. Então, uma revelação: "Heloísa, não pague nada. Infelizmente, você caiu em um golpe".

Sim, Heloísa caiu no golpe do falso presente, também chamado de golpe do amor. O nome da vítima foi trocado, mas o resto da história aconteceu. Há variações dessas armadilhas. No caso, era dinheiro em um cofre. Há outros em que a encomenda esperada são documentos para se dar entrada no pedido de habilitação do casamento. O perfil falso de militar contribui para o criminoso se proteger durante o desenrolar da artimanha, alegando que sua profissão impõe confidencialidade com relação a certas informações pessoais. E, como me contou um amigo policial, a fraude não é nova e faz vítimas todos os dias, sendo que a maioria não registra a ocorrência.

Matéria de Kevin Peachey, da *BBC News*, aponta que a maior parte das vítimas desses esquemas tem em torno de 50 anos e é composta por mulheres. O ano base foi 2018, na Inglaterra, indicando que a média de prejuízo das pessoas que reportaram o delito foi de 11.145 libras e que esses casos de fraude aumentam a cada ano.

Quanto aos Estados Unidos, a Comissão Federal de Comércio (FTC), voltada para a proteção dos consumidores, revelou que as perdas sofridas com golpes sentimentais em 2021 foram de pelo menos 547 milhões de dólares, sendo as criptomoedas a forma de pagamento mais usada. Considerando a subnotificação, essa cifra certamente é bem mais alta.

Por fim, o enredo aqui tratado é menos sofisticado do que, por exemplo, o da série "O Golpista do Tinder", na qual o estelionatário primeiro impressiona as vítimas com uma vida luxuosa para então lhes tirar o dinheiro. Mas, em comum, causam danos financeiro e emocional, sendo mulheres a maioria das vítimas.

Portanto, esses golpes precisam ser conhecidos para que as pessoas consigam detectar os seus sinais o quanto antes, prevenindo sua ocorrência. Do contrário, reviveremos no século XXI a estratégia grega que derrubou Troia.

POLÍTICAS PELA EQUIDADE DE GÊNERO NÃO SÃO FAVOR[XVII]

(O Globo, em 25/10/2022)

Encontro uma tirinha da Mafalda, do cartunista Quino. Ela mostra um globo terrestre para seu urso de pelúcia e, sorrindo, pergunta por que o mundo é tão bonito. Na sequência, com semblante triste, responde a si própria:

— Porque é um modelo reduzido. O original é um desastre.

O planeta, de fato, enfrenta muitos desafios e, com o propósito de colocá-lo no caminho da sustentabilidade econômica e social, a Assembleia Geral das Nações Unidas, em 2015, lançou a Agenda 2030. Assim, com a participação de 193 Estados-membros, incluindo o Brasil, foram estabelecidos 17 Objetivos de Desenvolvimento Sustentável (ODS) para "acabar com a pobreza, proteger o meio ambiente e o clima e garantir que as pessoas, em todos os lugares, possam desfrutar de paz e de prosperidade".

A pretensão é que todos esses Objetivos, que são interdependentes, sejam implementados até 2030, sendo um deles: "Alcançar a igualdade de gênero e empoderar todas as mulheres e meninas" (ODS 5).

Empoderamento feminino significa mulheres participando do poder, nas esferas pública e privada. Para que tal se realize, é fundamental que tenham acesso à educação, ao mundo digital e ao mercado de trabalho. Além disso, os obstáculos de seu caminho precisam ser percebidos e removidos, possibilitando que atinjam as posições de liderança e de poder, que até pouco tempo atrás eram ocupadas de forma exclusiva pelos homens.

A presença desse tema na Agenda 2030 é muito importante, mas o debate e as ações pelo empoderamento das mulheres já estavam em pauta desde os anos 1970, com o apoio da própria ONU e também de outras entidades.

Nesse caminho, merece destaque um empreendimento iniciado em 2010 por uma mulher inglesa, executiva do mercado financeiro, que teve a ideia de montar uma rede para influenciar executivos e CEOs na promoção de práticas visando aumentar a diversidade nos conselhos e diretorias de empresas. Seu nome é Helena Morrissey, e a entidade que fundou se denomina 30% Club.

Como o nome sugere, o alvo era que as companhias listadas no FTSE 100 Index (Reino Unido) passassem a ter pelo menos 30% de mulheres em seus *boards*, meta atingida em setembro de 2018. O 30% Club, desejando globalizar sua proposta, hoje se faz presente em mais de 20 países, inclusive no Brasil. Aliás, 30% é somente o primeiro patamar, pois o objetivo final é a paridade.

Voltando à Mafalda, sem dúvida, ela tinha motivo para se entristecer. Afinal, o mundo não está bonito. Há pobreza, desigualdades e sérios riscos para a humanidade e para o próprio planeta. Mas práticas desenvolvidas por organizações intergovernamentais como a ONU e iniciativas como a de Helena

Morrissey trazem um alento, notadamente pelas ações afirmativas que incentivam.

Por fim, políticas pela equidade de gênero não são um favor às mulheres nem concessão dos homens. São necessidade social, requisito para subir degraus na escada da civilização. Adotando-as, fica a esperança de que uma criança que ainda vai nascer, ao encontrar a mesma historieta, não tenha a menor ideia do que Mafalda estava falando. E aí, quem sabe, o mundo estará salvo.

MULHERES EXTRAORDINÁRIAS[XVIII]

(O Dia, em 04/11/2022)

"Existe a alegria de ser são,

e a alegria de ser justo,

mas existe, sobretudo, a maravilhosa,

a imensa alegria de servir."

(Trecho do poema "O prazer de servir", de Gabriela Mistral)

Pavena, lá na Tailândia, e Yvonne, aqui no Brasil; duas mulheres corajosas que transformaram seus sonhos em realidade, interferindo positivamente na vida de pessoas em situação de desvantagem social. Vejamos um pouco do trabalho de cada uma.

A história da tailandesa Pavena Hongsakula me chegou pelo livro *Mulheres que brilham*, da jornalista Maria Cândida. Quando deputada, ao visitar uma instituição de acolhimento, conheceu uma menina de 11 anos que contou estar ali para fugir de um padrasto que a obrigava a se prostituir. Chocada com esse relato, tomou como bandeira ajudar mulheres e crianças em situação de vulnerabilidade, assim o fazendo tanto no exercício de sua atividade parlamentar quanto na criação da Fundação Pavena, cujo objetivo é ajudar vítimas de crimes como estupro, prostituição forçada, tráfico de pessoas e trabalho escravo. Hoje atende entre 30 a 50 pedidos de socorro por dia e já recebeu mais de 100 mil chamadas desde 1999.

Atravessamos 16 mil quilômetros, de Bangkok ao Rio de Janeiro, e encontramos outra mulher de muito valor, a pedagoga e filóloga Yvonne Bezerra de Mello.

Atuava voluntariamente junto a grupos de crianças e jovens em situação de rua quando alguns deles se tornaram vítimas da denominada chacina da Candelária, ocorrida em 1993, episódio em que dois veículos dispararam contra pessoas que dormiam nas proximidades da igreja ali situada, causando a morte de oito delas, com idades entre 11 e 19 anos.

Yvonne se posicionou publicamente diante desse crime e seguiu com sua atividade social, que tem por base a prevenção através da educação. O tempo passou e essa prática deu lugar ao Projeto Uerê, nascido em 1998, escola modelo no atendimento a crianças traumatizadas pela violência.

Atualmente, o projeto atende 300 jovens do Complexo de Favelas da Maré, atuando na alfabetização e na melhoria do desempenho escolar, e por ele já passaram cinco mil crianças e adolescentes. Além disso, só no Brasil mais de 130 mil já tiveram contato com a Pedagogia Uerê-Mello, sendo que os professores capacitados nessa didática ultrapassam 18 mil.

Pavena e Yvonne sabem que proteger a infância e a adolescência não é uma opção. Por isso, o bordel não pode ser a casa da menina nem a rua o quarto de ninguém. Afinal, essas tristes realidades colocam em perigo a formação, a saúde e a vida de pessoas, especialmente os mais jovens, que merecem proteção do Estado e da sociedade.

As duas protagonistas deste texto sabem disso e – exatamente por isso – fazem tão bem a sua parte. Que o exemplo dessas mulheres extraordinárias nos contamine e que possamos, o quanto antes, reduzir a escuridão ainda existente em tantos lugares.

AS ASAS DE NIOMAR[XIX]

(Monitor Mercantil, em 18/11/2022)

Foto Arquivo Nacional – domínio público
Publicada com o artigo

Liberdade! Liberdade!

Abre as asas sobre nós!

Das lutas na tempestade

Dá que ouçamos tua voz!

(Refrão do Hino à Proclamação da República)

A Biblioteca Nacional oferece acesso digital a edições antigas de diversos periódicos e, por ter sido uma voz independente diante dos governos e da política, um de meus preferidos é o *Correio da Manhã*, fundado no Rio de Janeiro por Edmundo Bittencourt em 1901.

Decerto que o Brasil era outro, mas o ímpeto de políticos quererem que os jornais sejam uma extensão de sua própria comunicação sempre perseguiu a imprensa aqui e alhures. Não foi por outra razão que o Barão de Itararé, fundador do semanário *A Manha*, cansado das invasões policialescas a cada desagrado que provocava em Getúlio Vargas e fazendo troça dos apertos pelos quais passava, pendurou na porta uma placa com os dizeres "Entre sem bater".

Sigamos com o *Correio da Manhã*, cuja gestão passou de Edmundo para seu filho Paulo Bittencourt e, com o falecimento deste em 1963, foi assumida por sua viúva, Niomar Moniz Sodré.

Uma mulher presidente de um importante jornal nos anos 60 já chamaria a atenção. Mas seus méritos antecedem em muito a esse acontecimento. Os dotes literários de Niomar afloraram cedo. Aos 22 anos de idade, já tinha escrito *D'Annunzio*, uma biografia sobre o poeta italiano, além de artigos, ensaios e até uma peça teatral. Deixou marca também em outras áreas, pois foi uma das fundadoras do Museu de Arte Moderna, em 1948, exercendo a diretoria-executiva a partir de 1951 e participando de todas as diretorias até 1961, quando foi homenageada com o cargo de presidente de honra.

Quanto ao *Correio da Manhã*, grandes nomes trabalharam ali, entre eles Carlos Drummond de Andrade, Paulo Francis, Carlos Heitor Cony, Jânio de Freitas e Ruy Castro. Esse último é autor do ensaio "Vida e morte do *Correio da Manhã*", que ilumina os principais acontecimentos que marcaram a existência do jornal.

Fato que assinou o declínio do diário foi quando deixou de circular por ter desafiado a censura imposta pelo regime militar. O golpe fatal, porém, veio com o AI-5 e a prisão de sua diretora-presidente. Segundo Ruy Castro, quiseram lhe forçar o uso do uniforme de presidiária. No entanto, recusou-se sob o argumento de que não era presa comum e sim política, tendo prevalecido a sua vontade. Ainda sobre o cárcere, fez greve de fome e foi vítima de tentativa de envenenamento.

Niomar sobreviveu, mas pagou alto custo pessoal, pois teve seus direitos políticos cassados e viu a morte do jornal, que, nas mãos de terceiros, teve combalida existência até 1974.

Escritora, jornalista, intelectual e mecenas das artes. Mulher de destaque em um mundo de homens, superou o constrangimento e viveu para assistir ao retorno dos civis ao poder. Já não está entre nós, mas sua trajetória faz de seu nome sinônimo de liberdade. Por isso, Niomar, rogando-te proteção, como no hino, abra as asas sobre nós.

HOMENS QUE DEFENDEM A IGUALDADE[xx]

(O Dia, em 06/12/2022)

Artigo publicado no Dia Nacional de Mobilização dos Homens pelo Fim da Violência contra as Mulheres (Lei nº 11.489, de 20/06/2007)

"A meu ver, feminista é o homem ou a mulher que diz: 'Sim, existe um problema de gênero ainda hoje e temos que resolvê-lo, temos que melhorar.' Todos nós, mulheres e homens, temos que melhorar."

(Chimamanda Ngozi Adichie, no livro *Sejamos todos feministas*)

A Global Citizen (GC), com sede em Nova York e escritórios em vários países, tem um objetivo ousado: acabar com a extrema pobreza no planeta até 2030. Para tanto, concentra seus esforços em três questões: a fome, as mudanças climáticas e a desigualdade. Detenhamo-nos nesse terceiro item.

A GC considera a almejada igualdade de forma ampla, de modo que sejam contempladas todas as pessoas em situação de desvantagem social, o que inclui as mulheres. Por isso, advoga ações pelo empoderamento feminino.

A organização reputa que essas ações precisam contar com o maior número de adesões. Nessa linha, incentiva a participação de homens na construção de uma sociedade baseada na isonomia. A respeito, um dos artigos publicados em seu site indica "13 famosos que orgulhosamente defenderam a igualdade de gênero", ali apontando os feitos de cada.

Vejamos quem são: os primeiros-ministros Abiy Ahmed (Etiópia), Justin Trudeau (Canadá) e Alexander De Croo (Bélgica); os ex-presidentes dos EUA Jimmy Carter e Barack Obama; Antonio Guterres, secretário-geral da ONU; o ator Benedict Cumberbatch; o jogador de basquete Stephen Curry; o Príncipe Harry; Andrew Cuomo, ex-governador do estado de Nova York; o empresário e magnata Bill Gates; Eddie Vedder, integrante da banda Pearl Jam; e o cantor e compositor John Legend.

Famosos ou não, homens que se posicionam pelo empoderamento feminino por vezes se defrontam com questionamentos sobre sua legitimidade quanto ao tema. Fato é que, em se tratando de questão social, não há feudo de luta. Diferente fosse, só o escravizado lutaria pela abolição. Da mesma forma, só quem fosse judeu ou de minoria alvo do nazismo lutaria contra o holocausto.

Escravidão, holocausto, preconceitos e desigualdades têm em comum a subjugação – sempre fundida em ódio – de um grupo por outro. Por isso, todas essas questões acabam por envolver direitos humanos. Daí a necessidade coletiva de que essas iniquidades, pretéritas ou atuais, sejam enfrentadas e, para salvaguarda das gerações futuras, jamais esquecidas.

O objetivo da GC, como dito, é ousado, seja pela amplitude de ações necessárias, seja pela proximidade do ano 2030. É difícil, mas não é impossível, e tentar cabe a nós. Aliás, como a própria entidade antecipa, a chance de sucesso depende da participação do maior número pessoas.

Assim – e seguindo a dica de Chimamanda –, é fundamental que homens e mulheres, tornando-se melhores, marchem ombreados contra a escuridão que é a ignorância de gênero, iluminando um porvir de esperança e justiça social, único caminho para que, nesse tempo futuro, a desigualdade seja encontrada apenas nos livros de história.

PARTE 2

ARTIGO ACADÊMICO

VIOLÊNCIA DE GÊNERO É VIOLAÇÃO DOS DIREITOS HUMANOS: ESTUDO SOBRE O CRIME DE IMPORTUNAÇÃO SEXUAL[XXI]

Artigo vencedor do 11º Prêmio AMAERJ Patrícia Acioli de Direitos Humanos, na categoria "Trabalhos dos Magistrados". Solenidade em 07/11/2022.

Não me force o beijo

Não me toque se não lhe correspondo

Respeitar minha dignidade não é favor

Desrespeitá-la, é crime

INTRODUÇÃO

Fatos que a história nos traz não deixam dúvida de que à mulher foi relegado um papel secundário nas sociedades, sendo objeto de opressões – muitas das quais ainda perduram, como o casamento infantil, o casamento servil, a proibição de estudo e a mutilação genital feminina.

Diferenças de tratamento, de oportunidades e de riscos para os gêneros seguem estampadas nos vários aspectos da vida social, tais quais família, círculos de amigos, trabalho e lazer.

Decerto que houve mudanças, como a vitória das sufragistas e de tantas outras pautas feministas que conseguiram avançar, abrindo caminho para a maior participação feminina, notadamente em posições antes ocupadas exclusivamente por homens. Entretanto, a inferiorização da mulher subsiste e se reflete na violência que lhe é dirigida, podendo se tratar de violência doméstica e familiar ou qualquer outra forma de violência de gênero, isto é, de violência que lhe é impingida exatamente por ser mulher.

A violência de gênero constitui violação dos direitos humanos. A Lei Maria da Penha, em seu art. 6º, assim o diz. Mas violência contra a mulher não é afronta aos direitos humanos apenas no âmbito doméstico e familiar. As demais violências que lhe atingem por conta da condição feminina também o são. No direito internacional público, merece destaque a persecução da igualdade e a repressão à discriminação da mulher proclamadas na Convenção sobre a Eliminação de Todas as Formas de Discriminação da Mulher, de 1979, promulgada no Brasil pelo Decreto nº 4.377/2002. Aliás, a Organização das Nações Unidas tem promovido a igualdade de gênero e a eliminação de todas as formas de violência contra mulheres e meninas, sendo inclusive esse o Objetivo de Desenvolvimento Sustentável 5, da Agenda 2030.

A violência de gênero é considerada violação dos direitos humanos também no plano jurídico nacional, pois, no ápice da pirâmide de Kelsen, a Constituição de 1988 (CF) traz dispositivos que proclamam a dignidade da pessoa humana (art. 1º, III), a construção de uma sociedade livre, justa e solidária (art. 3º, I), a promoção do bem de todos sem preconceito de sexo (art. 3º, IV), a igualdade (art. 5º, *caput* e I) e a assistência à família, inclusive criando mecanismos para coibir a violência no âmbito de suas relações (art. 226, § 8º).

Respondendo à violência que seletivamente atinge as mulheres, o Código Penal (CP) tem sofrido alterações nos últimos anos no que concerne aos crimes contra a dignidade sexual, que, aliás, é um dos aspectos da dignidade da pessoa humana – um dos fundamentos de nossa República, conforme o art. 1º, III, da CF acima referido. As próximas linhas trazem alguns exemplos.

Houve mudança na definição do estupro (art. 213 do CP), que antes só admitia a mulher como sujeito passivo e considerava apenas a hipótese de conjunção carnal. Agora, o ofendido pode ser qualquer pessoa, e a ação não se limita àquela forma de cópula, podendo ser qualquer outro ato libidinoso.

Suprimiu-se o atentado violento ao pudor (art. 214 do CP), que tinha sanção mais branda do que a prevista para o estupro, e ficou nesse tipo subsumido.

A posse sexual mediante fraude (art. 215 do CP), que se referia à "mulher honesta", termo controverso, era outro delito em que a ofendida deveria ser necessariamente mulher. Agora, como no estupro, o sujeito passivo pode ser de qualquer gênero. Aliás, esse termo fazia parte do preceito primário do rapto violento ou mediante fraude (art. 219 do CP), dispositivo também expurgado.

A sedução (art. 217 do CP), cujo tipo usava outra expressão anacrônica, que era "seduzir mulher virgem", deu lugar ao estupro de vulnerável (art. 217-A do CP).

Outrossim, entraram em cena delitos impulsionados pelo avanço tecnológico da internet e das redes sociais, como a divulgação de cena de sexo (art. 218-C, *caput*, do CP) e a pornografia de vingança (art. 218-C, *caput* e § 1º, do CP).

Há diversas outras modificações na legislação criminal, mas o assunto central deste estudo é a importunação sexual, tipificada a partir de 2018 no art. 215-A do CP e que por vezes é confundida com o assédio sexual, que passou a ser crime a partir de 2001 (art. 216-A do CP).

Assim, a escolha desse tema é movida pelo intuito de contribuir para a melhor compreensão desse recente tipo penal e também para o fomento do debate sobre a desigualdade de gênero. Objetiva-se, com isso, o mais pleno exercício da cidadania, a se dar através do envolvimento de mais pessoas nesse enfrentamento, com o surgimento de novas ideias e políticas públicas que delas possam decorrer.

Analisemos, então, a infração do art. 215-A do CP, que, como muitos outros delitos contra a dignidade sexual, tem as mulheres como vítimas majoritárias.

ASSÉDIO OU IMPORTUNAÇÃO?

Há um uso popular da palavra assédio que não é o mesmo da lei. Vários dicionários indicam que se trata de uma insistência inconveniente em relação a alguém, caracterizada, entre outras ações, por declarações e propostas. Assim, é comum que a palavra assédio seja considerada uma conduta abusiva que causa incômodo, constrangimento ou humilhação.

Ouvimos falar em assédio moral, e sobre essa figura há um Projeto de Lei (PL), que é o nº 4.742-A/2001, que trata mais particularmente do assédio moral no trabalho, cujo objeto é criminalizar a conduta do superior hierárquico que desqualifica reiteradamente "por meio de palavras, gestos ou atitudes, a autoestima, a segurança ou a imagem do servidor público ou empregado".

O único dispositivo penal que se refere a assédio veio com a edição da Lei nº 10.224/2001, que incluiu o art. 216-A no Código Penal (CP): "Constranger alguém com o intuito de obter vantagem ou favorecimento sexual, prevalecendo-se o agente da sua condição de superior hierárquico ou ascendência inerentes ao exercício de emprego, cargo ou função".

Trata-se do crime de assédio sexual, mas, como se vê em sua redação, o ato de constrangimento ali previsto traz a condição de que o infrator seja superior hierárquico ou tenha ascendência sobre a ofendida.

Diversos fatos inconvenientes e humilhantes – como beijo forçado, agarrar a pessoa ou tocar seu corpo sem autorização – ficavam sem resposta, pois eram reputados penalmente atípicos. Algumas vezes, a conduta do agente era considerada contravenção de importunação ofensiva ao pudor, prevista no art. 61 da Lei das Contravenções Penais (LCP): "Importunar alguém, em lugar público ou acessível ao público, de modo ofensivo ao pudor".

Outras vezes, era enquadrada como constrangimento ilegal, como disposto no art. 146 do CP: "Constranger alguém, mediante violência ou grave ameaça, ou depois de lhe haver reduzido, por qualquer outro meio, a capacidade de resistência, a não fazer o que a lei permite, ou a fazer o que ela não manda".

Merece destaque que tanto a contravenção de importunação ofensiva ao pudor quanto o crime de constrangimento ilegal não pareciam oferecer a tipificação mais adequada aos fatos em observação, além de prescreverem penas consideradas leves. De outro lado, havia o estupro, que contempla sanção bem mais gravosa, com o mínimo de seis anos de reclusão, mas também não era aplicável àqueles fatos. A propósito, eis a redação do delito de estupro (art. 213 do CP): "Constranger alguém, mediante violência ou grave ameaça, a ter conjunção carnal ou a praticar ou permitir que com ele se pratique outro ato libidinoso".

Houve ação penal em que a imputação ao réu por fato dessa ordem foi de posse sexual mediante fraude, prevista no então art. 215 do CP. Do ponto de vista da reprimenda, não era tão leve quanto a contravenção referida ou o delito de constrangimento ilegal. Nem era tão grave quanto àquela cominada ao estupro. Foi o que ocorreu em São Paulo, em 2017, em caso que ganhou notoriedade. O infrator foi Diego Ferreira de Novais, preso em flagrante por duas vezes em menos de uma semana pelo mesmo motivo, sendo referido na imprensa como um criminoso em série na modalidade de importunar mulheres em coletivos. Sua folha penal indicava 17 anotações semelhantes ao longo de oito anos. Entretanto, ainda não havia o crime de importunação sexual. Em uma das ações penais, que tramitou na 27ª Vara Criminal do Fórum da Barra Funda, a sentença condenou o réu por crime de posse sexual mediante fraude, fixando a pena em 2 anos de prisão no regime fechado[1].

Aliás, o caso referido causou comoção social na época e foi uma das alavancas para a evolução legislativa a respeito do

---

1. HOMEM que ejaculou em passageira é condenado a 2 anos de prisão. **Revista Veja**, 5 set. 2017.

assunto, advindo o resultado em 2018, com a inclusão no ordenamento jurídico do crime de importunação sexual, através da Lei nº 13.718/2018. Essa lei revogou o art. 61 da LCP e alterou o art. 225 do CP para tornar todos os crimes sexuais de ação penal pública incondicionada.

Vejamos o seu *preceptum iuris*, que está no art. 215-A do CP: "Praticar contra alguém e sem a sua anuência ato libidinoso com o objetivo de satisfazer a própria lascívia ou de terceiro". A penalidade é reclusão de um a cinco anos.

Assim, a importunação sexual, embora tardiamente, foi erigida à categoria de tipo penal, delito esse que ocorre em diversos lugares, com grande destaque para o transporte público, que é o sistema que atende à maioria da população. Esta questão será abordada no tópico seguinte.

IMPORTUNAÇÃO SEXUAL NO TRANSPORTE PÚBLICO

Voltemos nossa atenção a pesquisas que trataram da importunação sexual no transporte coletivo.

O Instituto Patrícia Galvão e o Instituto Locomotiva realizaram a pesquisa *Segurança das mulheres nos deslocamentos pela cidade: as mulheres e seus trajetos*, de abrangência nacional e publicada em 2021, que revela que 36% das entrevistadas responderam positivamente ao quesito "sofrer importunação/assédio sexual" no deslocamento pela cidade.[2]

Vejamos uma enquete com questões sobre percepção de segurança realizada em São Paulo, que é a cidade mais populosa

---

2. INSTITUTO PATRÍCIA GALVÃO; LOCOMOTIVA. **Segurança das mulheres nos deslocamentos pela cidade: as mulheres e seus trajetos**. out. 2021.

do Brasil e a oitava do planeta, com um sistema de transporte público coletivo amplo, contando com ônibus, trens e metrô. Trata-se da pesquisa *Viver em São Paulo: mulheres*, realizada pela Rede Nossa São Paulo em conjunto com o IPEC e publicada em 2022, que aponta que o transporte público é o local no qual as paulistanas acreditam correr mais risco de importunação sexual. Segue tabela: [3]

Transporte público	52%
Rua	17%
Bares e casas noturnas	9%
Pontos de ônibus	8%
Transporte particular, como táxi e Uber	3%
Trabalho	2%
Ambiente familiar	1%
Não sabem ou não responderam	8%

Fonte: Dados da pesquisa *Viver em São Paulo: mulheres*, Rede Nossa São Paulo & INEP. São Paulo, fev. 2022.

A edição 2020 da *Pesquisa Voz Feminina CPTM*, que é a Companhia Paulista de Trens Metropolitanos, revela que 47,6% das mulheres entrevistadas já sofreram algum tipo de importunação sexual ou conhecem alguém que já passou por isso no transporte público coletivo. Esse número sofreu redução na edição 2021 da enquete, mas ainda continua alto: 32,1%.[4]

---

3. REDE NOSSA SÃO PAULO; IPEC. **Viver em São Paulo: mulheres.** São Paulo, fev. 2022.
4. SÃO PAULO (Estado). **Pesquisa Voz Feminina mostra a visão da mulher sobre a CPTM**. ago. 2021.

Ações individuais foram propostas em face de empresas nas quais a responsabilidade civil pelo ocorrido lhes era imputada. Examinemos a posição do Superior Tribunal de Justiça (STJ) a respeito do assunto.

A JURISPRUDÊNCIA SOBRE A RESPONSABILIDADE CIVIL DAS CONCESSIONÁRIAS

Passageiras vítimas de importunação ajuizaram ações com pedido de indenização contra concessionárias de transporte, advindo sentenças de procedência e também de improcedência. Alguns desses casos chegaram ao STJ, verificando-se divergência sobre o tema entre as Terceira e Quarta Turmas.

Como visto, antes de existir importunação sexual como crime, era usual se referir a assédio sexual. Dito isso, veja-se julgado da relatoria da Ministra Nancy Andrighi, da Terceira Turma:

> DIREITO CIVIL. RECURSO ESPECIAL. AÇÃO DE INDENIZAÇÃO POR DANOS MORAIS. ATO LIBIDINOSO PRATICADO CONTRA PASSAGEIRA NO INTERIOR DE UMA COMPOSIÇÃO DE METRÔ NA CIDADE DE SÃO PAULO/SP ("ASSÉDIO SEXUAL"). RESPONSABILIDADE DA TRANSPORTADORA. NEXO CAUSAL. ROMPIMENTO. FATO EXCLUSIVO DE TERCEIRO. CONEXIDADE COM A ATIVIDADE DE TRANSPORTE. RESPONSABILIDADE DA CPTM.
>
> (...)
>
> 5. Na hipótese, conforme consta no acórdão recorrido, a recorrente foi vítima de ato libidinoso praticado por outro passageiro do trem durante a viagem, isto é, um conjunto de atos referidos como assédio sexual.
>
> 6. É evidente que ser exposta a assédio sexual viola a cláusula de incolumidade física e psíquica daquele que é passageiro de um serviço de transporte de pessoas.
>
> 7. Na hipótese em julgamento, a ocorrência do assédio sexual guar-

da conexidade com os serviços prestados pela recorrida CPTM e, por se tratar de fortuito interno, a transportadora de passageiros permanece objetivamente responsável pelos danos causados à recorrente. Precedente.

8. Recurso especial não provido.

(REsp n. 1.747.637/SP, relatora Ministra Nancy Andrighi, Terceira Turma, julgado em 25/06/2019, DJe de 01/07/2019)[5]

O posicionamento contrário, esposado pela Quarta Turma, está representado no julgado a seguir transcrito, da lavra do ministro Raul Araújo:

> AGRAVO INTERNO NOS EMBARGOS DE DECLARAÇÃO NO RECURSO ESPECIAL. AÇÃO DE INDENIZAÇÃO POR DANOS MORAIS. PRÁTICA DE ATO LIBIDINOSO CONTRA PASSAGEIRA NO INTERIOR DE UMA COMPOSIÇÃO DE TREM DO METRÔ PAULISTA. AUSÊNCIA DE RESPONSABILIDADE DA TRANSPORTADORA. FATO EXCLUSIVO DE TERCEIRO E ESTRANHO AO CONTRATO DE TRANSPORTE. AGRAVO INTERNO PROVIDO PARA DAR PROVIMENTO AO RECURSO ESPECIAL.
>
> 1. Nos termos da jurisprudência firmada nesta Corte Superior, a responsabilidade do transportador em relação aos passageiros é objetiva, somente podendo ser elidida por fortuito externo, força maior, fato exclusivo da vítima ou por fato doloso e exclusivo de terceiro – quando este não guardar conexidade com a atividade de transporte.
>
> 2. Na hipótese, afasta-se a responsabilidade da concessionária por prática de ato libidinoso, cometido por terceiro – preso em flagrante por agentes de segurança da transportadora –, contra usuária do serviço de transporte, ocorrido no interior do metrô.
>
> 3. Agravo interno provido para dar provimento ao recurso especial.
>
> (AgInt nos EDcl no REsp n. 1.738.470/SP, relator Ministro Raul Araújo, Quarta Turma, julgado em 11/6/2019, DJe de 27/6/2019.)[6]

---

5. BRASIL. Superior Tribunal de Justiça. Recurso Especial nº 1.747.637-SP. Ementa. 1 jul. 2019.

6. _____. AgInt nos EDcl no Recurso Especial nº 1.738.470-SP. Ementa. Brasília, 11 jun. 2019.

O dissenso entre as duas Turmas mencionadas foi mitigado em julgamento da Segunda Seção do STJ, que, por maioria, concluiu que a concessionária não tem responsabilidade civil em caso de importunação sexual praticada por terceiro em suas dependências. Tratando-se de processo que tramitou em segredo de justiça, fica omitido seu número, mas segue fragmento do voto do relator, Ministro Raul Araújo:

> Está fora de dúvida: o crime era inevitável, quando muito previsível apenas em tese, de forma abstrativa, com alto grau de generalização. Por mais que se saiba da possibilidade de sua ocorrência, não se sabe quando, nem onde, nem como e nem quem o praticará. Apenas se sabe que, em algum momento, em algum lugar, em alguma oportunidade, algum malvado o consumará. Então, só pode ter por responsável o próprio criminoso.[7]

O assunto da responsabilidade civil da concessionária de transporte diante do crime de importunação sexual da passageira, ao menos por ora, está assim pacificado no âmbito do STJ. O advérbio de tempo foi usado porque o direito é dinâmico e nada obsta que, no porvir, o tema seja revisto, sendo de se notar que o julgamento acima mencionado não foi por unanimidade.

Para encerrar esse pensamento, registra-se que, recentemente, o Ministério Público Federal (MPF) assim se pronunciou em Agravo em Recurso Especial (AREsp nº 1.858.833/SP), em que figurava como agravada a Companhia do Metropolitano de São Paulo:

> De fato, não é possível afastar a responsabilidade da empresa transportadora pelo assédio sofrido pelas passageiras no interior dos vagões de trem e metrô, pois o constrangimento com conotação sexual é agravado, quando não motivado, justamente pela deficiência

---

[7]. SEGUNDA Seção define que concessionária não tem de indenizar vítima de assédio no transporte público. **Portal do STJ**, 16 dez. 2020.

na prestação do serviço público, qual seja, a notória superlotação das composições férreas, especialmente nos horários de pico.⁸

Segue outro trecho do mesmo parecer, subscrito pelo Subprocurador-Geral da República Aurélio Virgílio Veiga Rios:

> Logo, competiria à concessionária não apenas atuar de forma preventiva, efetuando campanhas de conscientização, mas também proporcionar segurança e conforto aos passageiros de trem com a implementação de mecanismos efetivos para a identificação e repreensão de usuários abusivos.⁹

Assim, embora haja uma posição da Segunda Seção do STJ sobre a questão a favorecer as concessionárias, é provável que ações continuem a ser ajuizadas, pois a ocorrência de importunação sexual no transporte público segue numericamente significativa. Boas argumentações são articuladas, como nos trechos do parecer do MPF acima transcrito, e sempre pode surgir um novo argumento. Além disso, não custa lembrar que o voto vencido de hoje pode ser o direito do futuro.

A importunação sexual não é um fato novo, tanto que leis e campanhas para sua prevenção existem há muitos anos e, entre as políticas desenvolvidas, temos as composições exclusivas para mulheres em trem, metrô e ônibus, incluídos nesses últimos o BRT (*Bus Rapid Transit*), como será visto a seguir.

O VAGÃO ROSA

O Rio de Janeiro aprovou a Lei estadual nº 4.733/2006, posteriormente alterada pela Lei estadual nº 7.250/2016, que impôs às empresas que administram o sistema ferroviário e metroviário a obrigação de destinarem vagões exclusivos para mulheres

---

8. BRASIL. Ministério Público Federal. Parecer nº 14354/2021/AR/SPGR. Brasília, 20 set. 2021.
9. Ibid.

nos horários de pico. O Ministério Público ajuizou ação civil pública impugnando a aplicação dessa lei, advindo julgamento pelo Órgão Especial do Tribunal de Justiça do Estado do Rio de Janeiro, que, entendendo se tratar de mais um esforço para proteção da mulher, concluiu pela sua constitucionalidade.[10]

Seguindo a linha da lei estadual referida, a Prefeitura do Rio publicou a Lei municipal nº 6.274, em 2017, dispondo que o último carro do BRT deve ter espaço exclusivo para mulheres e crianças, sendo chamado de BRT Rosa. Também houve questionamento sobre a constitucionalidade dessa lei, e o tema chegou ao Supremo Tribunal Federal (STF), cuja Segunda Turma, por maioria, reconheceu sua validade, com o argumento de que a Constituição da República garante os direitos sociais à segurança e à proteção da mulher e da infância, previsão essa ínsita em seu art. 6º.[11]

Apesar da jurisprudência favorável ao vagão feminino, o assunto segue polêmico no mundo da política. Afinal, embora tenha sido aprovado no Rio de Janeiro, no Distrito Federal, em Belo Horizonte e em Recife, foi rejeitado em São Paulo, cidade mais populosa do país, pelo veto do então governador Geraldo Alckmin. Aliás, como a composição exclusiva é uma possibilidade em trens e metrô, não se verifica uma adesão maciça de municípios e estados à proposta, muito em contrário.

Registra-se que, no plano federal, há o PL nº 6.758/2006, com o objetivo de criação desse espaço preferencial nos sistemas ferroviário e metroviário. Esse projeto legislativo trata do mes-

---

10. LEI que criou vagões para as mulheres é julgada constitucional. **PJERJ**, 27 jul. 2009.
11. BRASIL. Supremo Tribunal Federal. Recurso Extraordinário 1.351.379 Rio de Janeiro. Brasília, 6 dez. 2021.

mo tema de três outros – PL nº 7.343/2014, PL nº 4.493/2016 e PL nº 9.072/2017 –, razão pela qual estão todos apensados. No entanto, ao menos no momento, não há sinal de que será submetido à votação, o que pode ser considerado mais um indício de que a matéria não é pacífica.

REFLEXÕES FEMINISTAS SOBRE O VAGÃO PREFERENCIAL

Não há unanimidade entre as feministas a respeito do assunto. A socióloga Luíza Wehbe Sabino, conforme matéria publicada no blog *Desconstrução Diária*, entende que o vagão rosa, embora seja um instrumento pontual, contribui para a redução de casos de importunação sexual no transporte público.[12]

A ativista Indianara Siqueira, liderança do movimento LGBTQIAP+, declarou no site do Projeto Colabora que apoia a iniciativa e defende a ampliação do acesso ao vagão rosa em favor de travestis e mulheres trans[13], o que, no estado do Rio de Janeiro, veio a ser contemplado pelo Decreto nº 46.072, em 2017, cujo art. 2º assim dispõe: "Determina-se que o carro exclusivo para mulheres será usado apenas por mulheres e/ou pessoas que exercem a identidade de gênero feminino".

No entanto, a posição contrária a esse mecanismo predomina entre as feministas. A socióloga Marília Moshkovich (artigo publicado na *Carta Capital*)[14], a escritora Clara Averbuck

---

12. SABINO, Luíza Wehbe. Sobre o vagão feminino: outras visões. **Desconstrução Diária**, 9 ago. 2017.
13. CASSAR, Gabriel. Por um lugar no vagão feminino. **Projeto Colabora**, 26 abr. 2017.
14. MOSCHKOVICH, Marília. Marília Moschkovich: o vagão para mulheres só anda para trás. Artigo publicado originalmente no jornal "Carta Capital". **Vermelho**, 24 out. 2013.

(artigo publicado no jornal *O Tempo*)[15] e a também feminista Bernadete Monteiro (declaração ao jornal *Brasil de Fato MG*)[16] são uníssonas no sentido de que o vagão exclusivo acaba se tornando mais um ambiente de segregação das mulheres.

Moshkovich aponta, ainda, que não é mera coincidência que essa política segregacionista tenha sido implementada em países de cultura sabidamente machista, como Japão, Egito, Índia, Irã, Indonésia, Filipinas, México, Malásia e Dubai.

Em entrevista concedida para a Gênero e Número, a socióloga Ana Paula Portella, argumenta que, além de representar um espaço que confina a vítima, o vagão rosa, se não vier acompanhado de outras medidas de proteção nos demais vagões, aumenta o risco da mulher fora desse carro exclusivo.[17]

Outra reclamação contrária é que esses projetos foram pensados e implantados sem um debate prévio mais abrangente.

VAGÃO FEMININO, RELEVÂNCIA DO TEMA

O carro exclusivo é uma das ideias para prevenir a ocorrência da importunação sexual no transporte público. Como visto, há questionamentos sobre esse instrumento e, inspirados na famosa frase de Hamlet, até se poderia lucubrar: "Vagão rosa ou não? Eis a questão!". Mas fato é que essa não é a questão aqui, ou ao menos não tem essa centralidade dentro do objeto em análise.

---

15. AVERBUCK, Clara. Não cabemos em um vagão. Artigo publicado originalmente no jornal "O Tempo", de Belo Horizonte. **Clara Averbuck**, 9 abr. 2014.
16. LOPES, Raíssa. Para movimentos feministas, 'Vagão Rosa' não é a solução para abusos. **Brasil de Fato MG**, 22 jul. 2016.
17. SANTOS, Maria Carolina. Polêmico de Recife a Porto Alegre, vagão rosa é aprovado por usuárias, mostram pesquisas. **Gênero e Número**, 16 mar. 2017.

O importante é que, inegavelmente, existe no transporte público, apresentando alta incidência, uma importunação sexual de homens contra mulheres, mas que também ocorre em outros momentos e lugares, como em festas populares – e a principal delas é o Carnaval, tema do próximo capítulo.

A IMPORTUNAÇÃO SEXUAL NA FESTA DE MOMO

As festas carnavalescas são marcadas pelo uso de fantasias e brincadeiras. Mas nem tudo é alegria, pois muitas são as reclamações por conta da importunação sexual.

Preocupadas com essa realidade, as amigas Barbara Menchise, Aisha Jacob, Julia Parucker e Nandi Barbosa, do Rio de Janeiro, chamaram a atenção para o assunto com a campanha "Não é Não!", criada em 2017 e que ficou conhecida nacionalmente.[18]

A ONU Mulheres, com o mesmo objetivo de priorizar a liberdade das mulheres e destacar que a responsabilidade pelo constrangimento praticado não é da vítima, lançou, em 2018, a campanha "Respeita as mina", slogan inspirado em ação da Secretaria de Políticas para Mulheres do Governo da Bahia.[19]

Em 2020, o Governo Federal, diante do aumento do número de registros desse tipo de violência nessa festividade, promoveu a campanha "Assédio é Crime. #NãoTemDesculpa", e algumas das chamadas foram "Achei que ela queria", "Mas foi só

---

18. VIEIRA, João. 'Não é não!': campanha contra assédio vai espalhar tatuagens temporárias no Carnaval. **Hypeness**, 11 jan. 2018.
19. COM APOIO da ONU Mulheres, Bahia faz campanha contra a violência de gênero no Carnaval. **ONU Mulheres Brasil**, 2 fev. 2018.

um beijinho", "Carnaval não é desculpa", "A roupa dela não é desculpa" e "Bebida não é desculpa".[20]

Contribuindo para a conscientização a respeito dessa questão, outras campanhas similares foram criadas Brasil afora, sempre com frases educativas e de fácil compreensão, como "Meu corpo não é sua fantasia", "Assédio não é fantasia", "Fantasia não é convite" e "Beijar não é pedágio".

Infelizmente, nem tudo é brincadeira no Carnaval. A importunação sexual está presente nos blocos e bailes, assim como está no transporte público e em outros espaços, que, aliás, são ocupados por pessoas de diversas idades, inclusive crianças e adolescentes. Exsurge, assim, uma questão, que é sobre a alteração da capitulação de importunação sexual para outro delito caso a pessoa que sofra esse ato seja menor de 18 anos, objeto do próximo tópico.

E SE A VÍTIMA FOR CRIANÇA OU ADOLESCENTE? PODE HAVER IMPORTUNAÇÃO SEXUAL?

O Estatuto da Criança e do Adolescente, em seu art. 2º, *caput*, indica que criança é a pessoa até 12 anos e adolescente é aquela entre 12 e 18. Leia-se, 18 anos incompletos, pois a menoridade cessa aos 18 anos completos, nos termos do art. 5º, *caput*, do Código Civil.

Posto isso, confrontemos o art. 215-A do CP, anteriormente visto, com o art. 217-A do mesmo Código que trata do estupro de vulnerável, que diz: "Ter conjunção carnal ou praticar outro ato libidinoso com menor de 14 (catorze) anos". A penalidade é reclusão de oito a quinze anos.

---

20. GOVERNO Federal lança campanha contra importunação sexual durante o Carnaval. **CODIVAP**, 19 fev. 2020.

O crime de estupro de vulnerável traz um elemento fundamental para se dissipar eventual dúvida sobre o conflito entre as duas normas, que é a parte final do *caput*: "menor de 14 anos". É a aplicação do princípio da especialidade, ou seja, afasta-se a lei geral e aplica-se a lei especial.

O fato delituoso pode até trazer elementos que o amoldariam à importunação sexual, mas se o sujeito passivo do crime for menor de 14 anos, estará configurada infração ao art. 217-A do CP. Portanto, a idade da vítima é determinante no enquadramento da conduta do agente.

A resposta à indagação, então, é sim. Pode haver importunação sexual, desde que a pessoa ofendida tenha 14 anos completos ou mais. Se tiver menos idade, ou seja, criança ou adolescente até 14 anos incompletos, a resposta é negativa, ficando o ato caracterizado como estupro de vulnerável.

Há outro motivo a confirmar a incidência do art. 217-A do CP na hipótese traçada, que é o princípio da subsidiariedade, pois a parte final do preceito secundário do crime de importunação sexual (art. 215-A do CP) dispõe: "se o ato não constitui crime mais grave". Como se vê, das sanções cominadas às duas infrações penais em comento, o estupro de vulnerável é o crime mais grave.

O conflito de normas é sempre aparente e, no caso, é resolvido com os dos princípios mencionados acima, entendimento que é corroborado pela jurisprudência. E exatamente nesse sentido foi o julgamento, sob o rito dos recursos repetitivos, de quatro recursos especiais representativos da controvérsia (REsp 1.959.697/SC, REsp 1.957.637/MG, REsp 1.958.862/MG e REsp 1.954.997/SC), pela Terceira Seção do STJ, sendo relator o ministro Ribeiro Dantas, em sessão de 08/06/2022, com a publicação do acórdão no DJe em 01/07/2022. Firmou-se a seguinte tese:

Tema Repetitivo 1121

> Presente o dolo específico de satisfazer à lascívia, própria ou de terceiro, a prática de ato libidinoso com menor de 14 anos configura o crime de estupro de vulnerável (art. 217-A do CP), independentemente da ligeireza ou da superficialidade da conduta, não sendo possível a desclassificação para o delito de importunação sexual (art. 215-A do CP).[21]

Esse entendimento consolidado pelo STJ está na mesma linha seguida pelo STF. A propósito:

> AGRAVO REGIMENTAL EM HABEAS CORPUS. PENAL. ESTUPRO DE VULNERÁVEL. PEDIDO DE DESCLASSIFICAÇÃO PARA O DELITO DO ART. 215-A DO CP. IMPOSSIBILIDADE. MANUTENÇÃO DO DECISUM. AGRAVO REGIMENTAL NÃO PROVIDO.
>
> (...)
>
> 3. Em se tratando de ato libidinoso praticado contra criança de dez anos de idade, incabível a desclassificação para o crime de importunação sexual (art. 215-A do CP). Precedentes.
>
> 4. Agravo regimental não provido.
>
> (HC 172970 AgR, Relator(a): EDSON FACHIN, Segunda Turma, julgado em 04/05/2020, PROCESSO ELETRÔNICO DJe-140 DIVULG 04-06-2020 PUBLIC 05-06-2020)[22]

À vista do exposto, constata-se que as interpretações das Altas Cortes sobre o tema convergem em desfavor do autor desse fato típico e antijurídico, que assim responde pelo crime mais grave.

Como bem assentado, as mulheres representam o grupo vulnerável quando se trata de delitos relacionados à violência de gênero, como os até aqui mencionados, que foram a importunação sexual, o assédio sexual, a divulgação de cena de sexo, a pornografia de vingança, o estupro e o estupro de vulnerável.

---

21. BRASIL. Superior Tribunal de Justiça. Tema Repetitivo 1121. 22 jul. 2022.
22. _____. Agravo Regimental em Habeas Corpus. HC172970 AgR/SP – São Paulo. 4 maio 2020.

Há muitos outros aos quais estão sujeitas, como ameaça e lesão corporal, sendo que o topo dessa pirâmide de gravidade é ocupado por aquele que lhe arrebata a vida, o feminicídio.

Mas será que o endurecimento da lei é apropriado? Examinemos, retornando o foco para a importunação sexual.

O AGRAVAMENTO DA LEI PENAL

É bem verdade que os sujeitos ativo e passivo desse delito podem ser tanto homens quanto mulheres, mas a realidade verificada nos estudos realizados indica que os infratores são quase sempre homens e as ofendidas, majoritariamente mulheres.

De fato, a importunação sexual é crime relevante do ponto de vista da perspectiva de gênero. E, sobre o tema das agressões às mulheres, dados da Organização Mundial da Saúde apontam que estão acontecendo cada vez mais cedo e que 25% das adolescentes e jovens de 15 a 24 anos já foram vítimas de violência de gênero.[23]

A tipificação da importunação sexual na lei penal é muito importante, pois cobre fatos que não configuram estupro, mas que reclamam reprimenda mais grave do que aquelas que antes vinham sendo aplicadas. A extinta contravenção do art. 61 previa apenas multa, enquanto a sanção ao crime de constrangimento ilegal era de apenas três meses a um ano de detenção, ou multa. Já a nova norma sujeita o infrator da importunação à prisão de um a cinco anos.

---

[23]. ONU: 25% das mulheres a partir de 15 anos são vítimas da violência de gênero. **Nações Unidas**, 9 mar. 2021.

A propósito do assunto, inclusive diante de graves delitos imputados a profissionais da área da saúde, tramita o PL nº 39/2002, cuja proposta é incluir uma majorante de 2/3 quando a importunação sexual for praticada por médicos ou outros profissionais da saúde no exercício de suas atividades em consultórios ou hospitais.

O recrudescimento da legislação penal em matéria de violência de gênero é bem-vindo, haja vista que as mulheres ainda continuam em desvantagem na estrutura social, o que é refletido na estatística criminal, onde frequentemente figuram como vítimas de delitos que as atingem de forma seletiva.

Vejamos o que mais pode ser feito além da alteração legislativa.

A NECESSIDADE DE POLÍTICAS PÚBLICAS

Sem prejuízo do aperfeiçoamento da lei punitiva, políticas públicas devem ser pensadas, debatidas, aplicadas e aprimoradas. Igualmente fundamental é o investimento em campanhas públicas, na televisão e demais mídias, assim como cartilhas, priorizando a juventude como alvo.

Vários municípios editaram leis obrigando as empresas de transporte público coletivo a afixarem, no interior dos veículos, placa informativa sobre o crime de importunação sexual, com indicação do número de telefone da Polícia Militar. Outros, aprovaram leis mais detalhadas, preconizando campanha permanente de conscientização e enfrentamento à violência sexual, figurando o Rio de Janeiro como um dos pioneiros, com a Lei nº 6.415, de 4 de outubro de 2018, que não se limitava aos transportes coletivos.

Muitos estados têm legislação criando programa de prevenção à importunação sexual no transporte coletivo, como o Rio de Janeiro, com a Lei estadual nº 7.856/2018, que foi alterada pela Lei estadual nº 9.648/2022 para nela incluir a campanha "Meu corpo não é público".

Há também leis estaduais com campanhas educativas dirigidas aos alunos da rede pública de ensino, como a Lei nº 11.691, de 25 de março de 2022, do estado do Mato Grosso, cujo objetivo é promover a conscientização a respeito desse delito com palestras proferidas por professores, assistentes sociais, psicólogos e advogados.

Tramita na Câmara dos Deputados o PL nº 3.863/2021, com o objetivo de obrigar o Poder Público a divulgar a existência do crime de importunação sexual. A proposta é incluir um parágrafo único no art. 251-A do CP com a determinação de divulgação desse delito em material impresso ou digital ou por aviso sonoro em veículos e terminais de transporte coletivo, bem como nos lugares onde a ocorrência desse tipo penal for registrada com frequência.

CONCLUSÃO

A importunação sexual, assim como os demais delitos contra a liberdade sexual, atinge majoritariamente as mulheres. Deve ser conhecida de todas as pessoas, que, prevenidas, poderão reconhecer sinais que indicam o respectivo risco ou perigo, diminuindo a chance de sua ocorrência tomando a providência que estiver ao seu alcance, seja em seu próprio benefício ou de outra pessoa.

A realização de campanhas educativas e preventivas é essencial e, embora não dependa de lei, sua edição é positiva no sentido de que contribui para comprometer os gestores públicos.

Essas ações devem ser contínuas, dirigindo-se principalmente aos lugares onde essa transgressão é mais verificada, como no transporte público e em festas populares com grande concentração de pessoas. Essa atividade pela conscientização e prevenção não deve descurar das escolas, como previsto, por exemplo, na Lei nº 11.691 do estado do Mato Grosso, pois as crianças e adolescentes são grupo alvo fundamental para essa sensibilização.

Outrossim, é importante que cada vez mais pessoas estejam tocadas pela gravidade que essa criminalidade representa e que, irmanadas, não esmoreçam nesse enfrentamento. Assim, é cada um fazendo a sua parte e todos cobrando das autoridades competentes a necessária atenção à questão.

Por fim, cabe a todos nós trabalhar em prol da conscientização a respeito de condutas criminosas atreladas ao machismo, debatendo o assunto, divulgando a legislação e pensando políticas públicas. O resultado esperado é a redução da distância tantas vezes existente entre a lei e a sua efetividade. Assim, aprimorando-se o exercício da cidadania, as pessoas terão mais segurança, especialmente as mulheres, seja no transporte público, na folia, onde for.

BIBLIOGRAFIA

AVERBUCK, Clara. Não cabemos em um vagão. Artigo publicado originalmente no jornal "O Tempo", de Belo Horizonte. **Clara Averbuck**, 9 abr. 2014. Disponível em: <http:www.claraaverbuck.com.br/não-cabemos-em-um-vagao/>.

BRASIL. Câmara dos Deputados. Projeto de Lei nº 4.742-A, de 2001. Disponível em: <https://www.camara.leg.br/proposicoesWeb/prop_mostrarintegra;jsessionid=50F68D5E6F66E303579F9ACC340281AE.proposicoesWeb1?codteor=1442937&filename=Avulso+-PL+4742/2001>.

_____. Projeto de Lei nº 6.758, de 2006. Disponível em: <https://www.camara.leg.br/proposicoesWeb/fichadetramitacao?idProposicao=317799>.

_____. Projeto de Lei nº 7.343, de 2014.

_____. Projeto de Lei nº 4.493, de 2016.

_____. Projeto de Lei nº 9.072, de 2017.

_____. Projeto de Lei nº 3.863, de 2021. Disponível em: <https://www.camara.leg.br/proposicoesWeb/fichadetramitacao?idProposicao=2305309>.

BRASIL. Código Civil. Lei nº 10.406, de 10 de janeiro de 2002. Disponível em: <http://www.planalto.gov.br/ccivil_03/leis/2002/l10406compilada.htm>.

BRASIL. Código Penal. Decreto-lei nº 2.848, de 7 de dezembro de 1940. Disponível em: <http://www.planalto.gov.br/ccivil_03/decreto-lei/del2848compilado.htm>.

BRASIL. Constituição da República, de 5 de outubro de 1988. Disponível em: <http://www.planalto.gov.br/ccivil_03/constituicao/constituicao.htm>.

BRASIL. Lei das Contravenções Penais. Decreto-lei nº 3.688, de 3 de outubro de 1941. Disponível em: <http://www.planalto.gov.br/ccivil_03/decreto-lei/del3688.htm>.

BRASIL. Decreto nº 4.377, de 13 de setembro de 2002. Disponível em: <http://www.planalto.gov.br/ccivil_03/decreto/2002/d4377.htm>.

BRASIL. Estatuto da Criança e do Adolescente. Lei nº 8.069, de 13 de julho de 1990. Disponível em: <http://www.planalto.gov.br/ccivil_03/leis/l8069.htm>.

BRASIL. Lei nº 10.224, de 15 de maio de 2001. Disponível em: <http://www.planalto.gov.br/ccivil_03/LEIS/LEIS_2001/L10224.htm#art216a>.

BRASIL. Lei Maria da Penha. Lei nº 11.340, de 7 de agosto de 2006. Disponível em: <http://www.planalto.gov.br/ccivil_03/_ato2004-2006/2006/lei/l11340.htm>.

BRASIL. Lei nº 13.718, de 24 de setembro de 2018. Disponível em: <http://www.planalto.gov.br/ccivil_03/_ato2015-2018/2018/lei/L13718.htm>.

BRASIL. Ministério Público Federal. Parecer nº 14354/2021/AR/SPGR. Brasília, 20 set. 2021. Disponível em: <http://www.mpf.mp.br/pgr/documentos/AREsp1858833_SP_Assedionotransportepblico.pdf>.

BRASIL. Senado Federal. Projeto de Lei do Senado nº 39, de 2022. Disponível em: <https://www25.senado.leg.br/web/atividade/materias/-/materia/151535>.

BRASIL. Superior Tribunal de Justiça. AgInt nos EDcl no Recurso Especial nº 1.738.470-SP. Ementa. Brasília, 11 jun. 2019. Disponível em: <https://scon.stj.jus.br/SCON/GetInteiroTeorDoAcordao?num_registro=201801013239&dt_publicacao=27/06/2019>.

_____. Recurso Especial nº 1.747.637-SP. Ementa. 1 jul. 2019. Disponível em: <https://scon.stj.jus.br/SCON/GetInteiroTeorDoAcordao?num_registro=201801433810&dt_publicacao=01/07/2019>.

_____. Agravo Regimental em Habeas Corpus. HC172970 AgR/SP – São Paulo. 4 maio 2020. Disponível em: <https://jurisprudencia.stf.jus.br/pages/search/sjur425984/false>.

_____. Tema Repetitivo 1121. 22 jul. 2022. Disponível em: <https://processo.stj.jus.br/repetitivos/temas_repetitivos/pesquisa.jsp?novaConsulta=true&tipo_pesquisa=T&cod_tema_inicial=1121&cod_tema_final=1121>.

BRASIL. Supremo Tribunal Federal. Recurso Extraordinário 1.351.379 Rio de Janeiro. Brasília, 6 dez. 2021. Disponível em: <https://stf.jusbrasil.com.br/jurisprudencia/1343036801/recurso-extraordinario-re-1351379-rj-0069412-5220198190000/inteiro-teor-1343036816>.

CASSAR, Gabriel. Por um lugar no vagão feminino. **Projeto Colabora**, 26 abr. 2017. Disponível em: <https://projetocolabora.com.br/ods1/mulheres-trans-lutam-por-espaco-no-vagao-feminino/>.

COM APOIO da ONU Mulheres, Bahia faz campanha contra a violência de gênero no Carnaval. **ONU Mulheres Brasil**, 2 fev. 2018. Disponível em: <https://www.onumulheres.org.br/noticias/com-apoio-da-onu-mulheres-bahia-faz-campanha-contra-a-violencia-de-genero-no-carnaval/>.

GOVERNO Federal lança campanha contra importunação sexual durante o Carnaval. **CODIVAP**, 19 fev. 2020. Disponível em: <https://www.codivap.org.br/governo-federal-lanca-campanha-contra-importunacao-sexual-durante-o-carnaval/>.

HOMEM que ejaculou em passageira é condenado a 2 anos de prisão. **Revista Veja**, 5 set. 2017. Disponível em: <https://veja.abril.com.br/brasil/homem-que-ejaculou-em-passageira-e-condenado-a-2-anos-de-prisao/>.

INSTITUTO PATRÍCIA GALVÃO; LOCOMOTIVA. **Segurança das mulheres nos deslocamentos pela cidade: as mulheres e seus trajetos.** out. 2021. Disponível em: <https://assets-institucional-ipg.sfo2.cdn.digitaloceanspaces.com/2021/10/LocomotivaIPG_PesquisaSegurancaMulheresemDeslocamentosFinal-1.pdf>.

LEI que criou vagões para as mulheres é julgada constitucional. **PJERJ**, 27 jul. 2009. Disponível em: <http://www.tjrj.jus.br/noticias/noticia/-/visualizar-conteudo/5111210/5125417>.

LOPES, Raíssa. Para movimentos feministas, 'Vagão Rosa' não pe a solução para abusos. **Brasil de Fato MG**, 22 jul. 2016. Disponível em: <https://www.brasildefatomg.com.br/2016/07/22/para-movimentos-feministas-vagao-rosa-nao-e-a-solucao-para-abusos>.

MATO GROSSO. Lei estadual nº 11.691, de 25 de março de 2022. Disponível em: <https://www.al.mt.gov.br/storage/webdisco/leis/lei-11691-2022.pdf>.

MOSCHKOVICH, Marília. Marília Moschkovich: o vagão para mulheres só anda para trás. Artigo publicado originalmente no jornal "Carta Capital". **Vermelho**, 24 out. 2013. Disponível em: <https://vermelho.org.br/2013/10/24/marilia-moschkovich-o-vagao-para-mulheres-so-anda-para-tras/>.

ONU: 25% das mulheres a partir de 15 anos são vítimas da violência de gênero. **Nações Unidas**, 9 mar. 2021. Disponível em: <https://news.un.org/pt/story/2021/03/1743912>.

REDE NOSSA SÃO PAULO; IPEC. **Viver em São Paulo: mulheres.** São Paulo, fev. 2022. Disponível em: <https://www.nossasaopaulo.org.br/wp-content/uploads/2022/02/RNSP_ViverEmSP_Mulher-apresenta%C3%A7%C3%A3o.pdf>.

RIO DE JANEIRO (Estado). Decreto estadual nº 46.072, de 29 de agosto de 2017. Disponível em: <https://www.legisweb.com.br/legislacao/?id=348886>.

_____. Lei estadual nº 4.733, de 23 de março de 2006. Disponível em: <https://gov-rj.jusbrasil.com.br/legislacao/88243/lei-4733-06>.

_____. Lei estadual nº 7.250, de 4 de abril de 2016. Disponível em: <https://www.legisweb.com.br/legislacao/?id=318285>.

_____. Lei estadual nº 7.856, de 15 de janeiro de 2018. Disponível em: <https://www.legisweb.com.br/legislacao/?id=355551>.

_____. Lei estadual nº 9.648, de 13 de abril de 2022. Disponível em: <https://gov-rj.jusbrasil.com.br/legislacao/1466957098/lei-9648-22-rio-de-janeiro-rj>.

RIO DE JANEIRO (Município). Lei municipal nº 6.274, de 13 de novembro de 2017. Disponível em: <http://aplicnt.camara.rj.gov.br/APL/Legislativos/contlei.nsf/647a1da7caab2c4d03257afb006763aa/4d6c36595a06070b832581d70050d407?OpenDocument>.

_____. Lei municipal nº 6.415, de 4 de outubro de 2018. Disponível em: <http://mail.camara.rj.gov.br/APL/Legislativos/contlei.nsf/e9589b9aabd9cac8032564fe0065abb4/baec2bcb984ed2278325831a0070d0f1?OpenDocument#:~:text=Cria%20a%20Campanha%20Permanente%20de,Munic%C3%ADpio%20do%20Rio%20de%20Janeiro.>.

SABINO, Luíza Wehbe. Sobre o vagão feminino: outras visões. **Desconstrução Diária**, 9 ago. 2017. Disponível em: <https://desconstrucaodiaria.com/2017/08/09/sobre-o-vagao-feminino-outras-visoes/>.

SANTOS, Maria Carolina. Polêmico de Recife a Porto Alegre, vagão rosa é aprovado por usuárias, mostram pesquisas. **Gênero e Número**, 16 mar. 2017. Disponível em: <https://www.generonumero.media/polemico-de-recife-porto-alegre-vagao-rosa-e-aprovado-por-usuarias-mostram-pesquisas/>.

SÃO PAULO (Estado). **Pesquisa Voz Feminina mostra a visão da mulher sobre a CPTM**. ago. 2021. Disponível em: <https://www.sosmulher.sp.gov.br/news/detalheNews/1011mapaEspacoAcolher.html>.

SEGUNDA Seção define que concessionária não tem de indenizar vítima de assédio no transporte público. **Portal do STJ**, 16 dez. 2020. Disponível em: <https://www.stj.jus.br/sites/portalp/Paginas/Comunicacao/Noticias/16122020-Segunda-Secao-define-que-concessionaria-nao-tem-de-indenizar-vitima-de-assedio-no-transporte-publico.aspx#:~:text=%E2%80%8B%E2%80%8BA%20Segunda%20Se%C3%A7%C3%A3o,por%20terceiro%20em%20suas%20depend%C3%AAncias>.

VIEIRA, João. 'Não é não!': campanha contra assédio vai espalhar tatuagens temporárias no Carnaval. **Hypeness**, 11 jan. 2018. Disponível em: <https://www.hypeness.com.br/2018/01/nao-e-nao-campanha-contra-assedio-vai-espalhar-tatuagens-temporarias-no-carnaval/>.

PARTE 3

OUTROS TEXTOS

BATE-PAPO DA ATRIZ LETÍCIA SABATELLA COM WAGNER CINELLI

Livraria da Travessa, Leblon, Rio de Janeiro, 28/03/2022

Foto: Rosane Naylor

Letícia Sabatella: Existem muitas violências contra a mulher. Violências mais sutis... que nem são tão sutis, mas são tão naturalizadas que, aos nossos olhos, não aparecem como violência. Elas aparecem como algo normal. E, cada vez mais, estamos vendo esses "normais" caírem por terra. Estamos nos reinventado através das novas gerações, que eu espero estarem mais atentas à busca incessante por uma liberdade de ser para homens e mulheres, dentro de uma sociedade que busque igualdade, equanimidade. Que seja uma sociedade que reconheça o valor de "ser" mais do que o valor de ter uma supremacia, de ter um poder sobre alguém, sobre algo, sobre a natureza, sobre a existência de outro ser. Quando a gente fala de feminismo, na verdade estamos falando de uma equiparação dos danos causados pelo excesso de poder atribuído a uma porção da nossa humanidade. O excesso do masculino, o excesso desse poder de conquistar coisas, de lutar, de guerrear, de erguer, de batalha, que não pode ser atribuído somente ao homem. Ele também é algo que faz parte da mulher e também deve ser dado a ela esse direito; assim como ao homem também deve ser dado o direito de ser acolhedor, de ser amoroso, de exercer o feminino. Uma sociedade onde as pessoas possam existir sem ter medo de um padrão estabelecido que determina que os homens devem sempre ter o poder, a força; e a mulher tem que ter sempre a docilidade, o acato, o recato. Que possamos estar em busca dessa liberdade de ser para homens e mulheres; homens exercendo o feminino, mulheres exercendo o masculino. Eu acho que assim vamos encontrar mais felicidade também, em todas as relações. Com certeza, aqui entre nós, eu acho que temos pessoas que são, digamos, de uma classe média moderna, que pode pensar sua profissão, suas escolhas. E sabemos que, em grande parte do nosso país, esse poder de escolha da sua profissão, do seu modo de vida, não é algo factível, não é tão democratizado. Por isso, a gente também deve lutar por esse direito de existir, de escolher o seu caminho, a sua trajetória. Porque, fora disso, a gente acaba sendo cooptado na nossa sociedade. Muitas famílias são cooptadas, às vezes por formas de religiões muito opressoras... E eu não recrimino cultos e religiões, mas recrimino o exercício do poder em certas comunidades, onde a sua conduta, a sua escolha, é cerceada e dominada por um padrão de comportamento e onde, com certeza, a mulher vai ser sempre a camada mais atingida. Se houver uma condição do nosso país que gere muito mais miséria do que já gera, a mulher ainda vai ser a mais atingida de todas as classes sociais. Quando a gente fala de opressão, de uma sociedade que oprime, vamos ter na base de tudo uma pessoa do gênero feminino. Nos momentos de maior retrocesso de qualquer sociedade, vemos o índice de feminicídio aumentar, o índice de violência contra a mulher aumentar... porque é aquela lógica: o oprimido pelo padrão oprimirá quem estiver abaixo. Essa cadeia de violência não tem fim; é o reflexo de uma angústia extrema, de uma dificuldade, de uma miséria de alma, quando vemos a perda de controle, a perda de cidadania, a perda de autoestima se transformar em medo. Aí, a violência vai aparecer sobre aquele que é considerado o que deve obedecer, o que deve acatar; alguém deverá ser oprimido por alguém. Então, a maneira de frear tudo isso é realmente se avaliar o tempo inteiro em relação a essa integridade, entender que não é esse o caminho. O caminho é de diálogo, de democracia, de aceitação do outro, das escolhas, da liberdade do outro também. Mas acho que todos nós estamos aqui para te ouvir, não é?

Wagner Cinelli: Estou adorando te ouvir, e você está fazendo uma síntese desse livro, dessa coletânea de artigos. Porque eu dizia que esse tema era um continente. Mas ele não é um continente; ele é uma galáxia. Porque, quanto mais vamos pensando, mais vamos desvelando coisas importantes para compreendermos o que está por trás dessa situação em que vivemos e que seria tão melhor se mudasse o quanto antes. Quanto antes mudar, melhor. Outro dia, li um texto que dizia assim: "A sociedade é o *hardware* e a cultura é o *software*". Não é exatamente isso, mas é quase. Esse nosso *software*, que é a cultura, está precisando de muita atualização, está muito atrasado. E você falou muitas coisas importantes que estão contempladas em diversos dos artigos que foram escritos e que estão nessa coletânea. Logo no início da sua fala, você me lembrou a Chimamanda, que é uma escritora nigeriana, muito importante, inteligentíssima, que fala muito bem. Ela tem uma apresentação que diz "nós todos devemos ser feministas". Aí, há uma discussão sobre se o homem pode ser feminista ou não pode... Eu estava ouvindo o Luiz Felipe Ponde ontem, dizendo que o homem pode ser feminista, mas, se as feministas forem materialistas, vão dizer que não pode, porque o homem não nasceu mulher; só uma mulher pode saber o que é ser mulher, só uma mulher tem um útero, só uma mulher tem o risco de ter uma gravidez indesejada, de sofrer um estupro e tal. Mas o que importa nessa fala da Chimamanda é que, no passado, a força física era fundamental para a sobrevivência e, nesse quesito, normalmente os homens têm uma vantagem sobre as mulheres. Só que o tempo passou, a sociedade evoluiu, estamos numa outra fase. O músculo não é mais o que determina; é o cérebro. E, nesse quesito, homens e mulheres estão iguais. Quando olhamos para o Brasil, as mulheres são até mais graduadas e pós-graduadas do que os homens. Então, nessa partilha do poder, que é necessária e que está desigual há muito tempo, a mulher penou para ter o direito de voto, brigou para ter o direito de ser alfabetizada, de aprender a ler, de universalizar essa leitura... E você falou tantas outras coisas que têm raízes em religião, em cultura... A mutilação genital feminina continua sendo praticada no mundo! São mais de duzentas milhões de mulheres ou meninas que sofrem isso. Quanta coisa para ser mudada, quanta atualização precisamos fazer nesse *software* que é a cultura para construir um mundo melhor para nós todos, inclusive para eles, inclusive para os homens abusadores. "Wagner, você está falando que todos os homens fazem essas coisas ruins?" Não, a maioria não faz. Mas há quem faça. E não dá para comparar... "Ah, mas tem mulher que mata homem". Tem, mas é uma minoria. Sociologicamente, estatisticamente, não tem relevância. O que tem relevância é exatamente o contrário por conta dessa história de subjugação da mulher pelo homem ao longo dos séculos. Claro que muita coisa mudou, muitas batalhas foram vencidas, mas ainda há muito a ser feito. E, no tópico da violência contra a mulher, isso é uma equação. A mulher empoderada não vai sofrer violência? Vai. Minha colega juíza foi assassinada. Ela pode sofrer violência, mas a chance da mulher empoderada sofrer violência é menor. A mulher liberta da dependência financeira de um homem abusador está melhor. No ciclo da violência, o abusador bate e depois pede perdão. Aí, vem o que a norte-americana Lenore Walker chama de *honeymoon*, o período da lua-de-mel. Parece que já ficou tudo bem. Mas não vai ficar tudo bem. Vai repetir. É cíclico, e os estudos mostram que não só é cíclico, como sofre um agravamento, até um possível feminicídio ou algo muito grave acontecer com aquela mulher. Maria da Penha, que inspirou a lei que está em vigor desde 2006 foi vítima mais de uma vez de tentativa de homicídio, no caso de feminicídio. Maria da Penha sobreviveu, mas houve consequência grave, pois ficou paraplégica. E quantas não sobrevivem? O que importa é: existe uma violência na nossa sociedade, no mundo inteiro, e o Brasil ocupa lugar ruim no ranking mundial com relação a diversos quesitos. Esse assunto é sério, é urgente, é emergencial. Quando eu publico nas mídias sociais, há um número enorme de mulheres clicando, curtindo. O número de homens é pequeno. A maioria dos comentários é de mulheres. Com qualquer mulher que nós sentarmos e perguntarmos: ao longo de sua vida, você passou alguma situação constrangedora? Ao longo de sua vida, nos lugares em que trabalhou, você passou por alguma situação constrangedora? Na rua, alguém te deu uma cantada grosseira...

Letícia Sabatella: Todas.

Wagner Cinelli: Pois é, todas. Só uma mulher vai saber me dizer sobre isso, eu não tenho a menor dúvida.

Letícia Sabatella: A verdade é essa, né? Uma vez eu citei um pouquinho do Drummond falando isso: eu jamais conheci uma mulher que não tivesse levado porrada. E é fato: em algum momento, houve uma situação de abuso. Mais de uma, se você, como eu, tiver vivido mais da metade da vida, 51 anos. E acho que todas as mulheres vão experimentar isso.

Wagner Cinelli: No livro *Sobre ela*, eu trago situações como a mulher que está no carro do ex-marido, tenta sair, e ele fala: "Não saia. Se você sair, eu vou te matar aqui, agora". As pessoas passam, fingem que não veem, porque aquilo é uma briga de marido e mulher. "Epa, eu não vou me meter nisso". Em outro livro, eu conto a história de uma moça lá no interior de Santa Catarina, jovem, que falou: "Eu não tinha vivido experiência nenhuma de violência na minha vida, não fui criada com isso, mas aquele namorado começou a me censurar, daqui a pouco ele começou a me beliscar, depois começou a me dar uns empurrões, até o dia em que ele me espancou na praça pública da cidade e ninguém se meteu. Eu fingi que morri para sobreviver". E aí ela foi à delegacia, registrou ocorrência e descobriu um monte de outras mulheres que tinham passado por situações semelhantes com outros homens e virou uma ativista. Os exemplos são inúmeros, essas coisas se repetem. Esse assunto é muito sério. Precisamos conversar, acompanhar as leis que estão sendo feitas. A Lei Maria da Penha já foi muito modificada desde que foi editada. Isso é ótimo, porque são melhorias, são aprimoramentos. Às vezes reclamamos da ausência de lei. Mas nós temos lei, e as leis não são ruins de uma maneira geral. O nosso problema é a distância que tantas vezes existe entre aquela lei escrita e a sua efetividade. Mas delegacias de atendimento à mulher existem. São ótimas, excelentes, mas são poucas. Capitais têm, algumas grandes cidades têm, mas a maioria das cidades não tem. E onde tem a delegacia da mulher, a maioria não funciona 24 horas. E deveria funcionar, porque essas situações acontecem em qualquer hora do dia. Tem projeto de lei tramitando na Câmara exatamente para obrigar que existam mais delegacias da mulher e que elas funcionem 24 horas. Precisamos sensibilizar os governantes, especialmente a nível federal e estadual – embora o municipal também tenha sua responsabilidade. Tem que ser cobrado. Precisamos de delegacia da mulher, precisamos de abrigo da mulher, precisamos que a força policial esteja bem treinada, com formação continuada. E precisamos de tantas outras coisas para buscar uma igualdade e para que a mudança se reflita no futuro. Não é da noite para o dia, mas o importante é tocar as pessoas. Não podemos pensar "Ah, isso é muito distante de mim". É mais perto da gente do que a gente pensa. A gente é que às vezes não vê.

Letícia Sabatella: Se a gente enxergar, Wagner, o tamanho da covardia que é você não permitir que uma mulher próxima, que qualquer mulher, possa ter poder financeiro respeitado, ter poder de conhecimento respeitado, ter poder de existência, de liberdade, de amar, de afeto respeitado, de realização, poder de se realizar. O patriarcado dá um poder sobrenatural ao homem em relação à mulher numa sociedade. E é um privilégio horroroso exercer poder sobre a sua companheira, sobre a sua filha, sobre as mulheres em torno, e exercer isso de uma maneira a cercear que essas pessoas possam se realizar. Isso deflagra o tamanho da covardia desse agente opressor. Não é honroso.

Wagner Cinelli: É verdade. E as estatísticas mostram que mais de 80% dos feminicídios são praticados por companheiros atuais ou ex-companheiros, e mais da metade desses feminicídios acontece dentro de casa. Então, a casa, que era para ser o lugar mais seguro, é um lugar de medo, de risco, de perigo. Há leis estaduais e municipais que determinam que o síndico do condomínio – o síndico e os vizinhos – é obrigado a avisar quando há algum problema no apartamento do lado. Você está escutando um barulho? Alguém está batendo na mulher? Chame a polícia. Você tem a obrigação de chamar a polícia. Mas isso não é lei federal ainda. Há um projeto de lei tramitando exatamente para tornar essa denúncia obrigatória. E é só no condomínio? Eu moro numa casa de beira de rua; e se for na casa do lado da minha? A questão é a omissão. Por isso é que temos que meter a colher. O 190 é para todo mundo ligar, você pode dizer que deseja ficar anônimo. Você tem o 180, que é a central de atendimento à mulher e precisa ser tão conhecido quanto o 190. A gente precisa se interessar por tudo, a gente não pode ter medo. Eu sei que temos que ter certas cautelas, cada um vai saber a situação com a qual está convivendo e tudo mais, mas o que eu insisto é: você sempre tem algo a fazer ao alcance da mão, diferente da omissão. E isso vai ser bom para todo mundo.

Wagner Cinelli: Eu só tenho agradecimentos a todas as pessoas que aqui estão, que puderam dedicar esse tempo aqui; à Letícia, que aceitou esse convite. Foi muito importante para nós estarmos com você aqui, Letícia. Muito obrigado.

Letícia Sabatella: Muito obrigada.

EXPOSIÇÃO

EXPOSIÇÃO PRESENÇAS INVISÍVEIS

Inauguração
08 de março | 18h
(dia internacional da mulher)

Museu da Justiça
Rua Dom Manuel, 29 - 2º andar

Curadoria e Arte
Isabela Francisco

Fotografias
Rosane Naylor

Parceiros

SOBRE A EXPOSIÇÃO:[XXII]

O Museu da Justiça do Rio de Janeiro inaugura no mês de março, quando se comemora o Dia Internacional da Mulher, a mostra *Presenças Invisíveis*, que apresenta uma arte inovadora, composta por intervenções dramáticas e comoventes feitas por mulheres que sofreram violência doméstica e hoje vivem em abrigos.

A mostra, idealizada pela artista plástica e serventuária do Tribunal de Justiça do Rio de Janeiro, Isabela Francisco, será realizada com o apoio do RioSolidario e do Grupo Mulheres do Brasil, que celebra seus quatro anos de atuação no Rio de Janeiro.

No salão histórico do I Tribunal do Júri, espaço formal e imponente onde já ocorreram vários julgamentos envolvendo o tema, serão apresentadas obras desenvolvidas sobre lençóis, símbolo forte e tão presente nesse universo de violência. De grande impacto visual, as peças que foram pintadas pelas mulheres abrigadas dialogam e instigam no público sentimentos de explícita emoção em relação à violência sofrida por essas mulheres.

No Salão dos Passos Perdidos, espaço conjugado com o Tribunal do Júri, Isabela Francisco apresentará um trabalho elaborado sobre cliques da fotógrafa Rosane Naylor, realizados durante as visitas à Casa Abrigo Lar da Mulher, quando as mulheres abrigadas executaram os trabalhos.

PRESENÇAS INVISÍVEIS

(Wagner Cinelli)

Texto de abertura da exposição homônima, no Museu da Justiça do TJRJ, com curadoria de Isabela Francisco, inaugurada em 08/03/2022, Dia Internacional da Mulher

PRESENÇAS INVISÍVEIS

Passos firmes anunciam a chegada daquele que se quer evitar.
Não, não foi sempre assim. Mas se tornou assim.
As lembranças se vestem de ausência.
O pensamento faz tremer e o presente dói.

Eis os lençóis.
Umedecidos pelo suor, encharcados por lágrimas.
A moldura da nudez violada, o acalanto da injustiça amargada.
Lençóis de todas as cores, imantados pelo que testemunharam.

Ah! É triste, muito triste, mas o sofrimento muitas vezes é escarlate.
Desamor que é jogado na cara, profana o corpo e atormenta a alma.

Às sobreviventes, o desafio de conviverem com presenças invisíveis que lhes assombram para além dos lençóis.

Reminiscências.

CURADORIA E ARTE Isabela Francisco
FOTOGRAFIAS ORIGINAIS Rosane Naylor
INTERVENÇÃO NOS LENÇÓIS Casa Abrigo Lar da Mulher

Wagner Cinelli

MEUS PASSOS

(Gabriela Zimmer)

Cerveja gelada (glub! glub! glub!) é previsão de chuva
dentro de casa, seguida por trovões e cachorros assustados.

Vento soprando pela janela (shhhhh) é calar todas
as reclamações de que o dia está quente.

Apito de micro-ondas (pip, pip, pip) é filme de Hitchcock
e sangue no banheiro.

   – Não sei se fico.

Tornar instante em memória distante,
fugindo com meus passos

ou

tornar instante e futuro concomitantes,
por não fugir de seus passos

   – Não sei quais passos.

Deslembrança.
Passos que se perdem
quando à espera da sentença dita pelo réu.

– Você tem o direito de permanecer calada.

Diante do vitral que sobre mim se estende,
suado e pontudo,
projetando manchas na pele: vermelho, amarelo, verde, roxo,

diante do buraco negro sem fundo,
que sobre si em espiral torce, distorce,
torce lenços,
torce lençóis

debaixo do teto alto,
mas tão alto,
mas tão alto
e imponente:

– Fui-me embora.

Meus passos

Cerveja gelada (glub! glub! glub!) é previsão de chuva dentro de casa, seguida por trovões e cachorros assustados.

Vento soprando pela janela (shhhhh) é calar todas as reclamações de que o dia está quente.

Apito de micro-ondas (pip, pip, pip) é filme de Hitchcock e sangue no banheiro.

-Não sei se fico.

Tornar instante em memória distante,
fugindo com meus passos

ou

tornar instante e futuro concomitantes,
por não fugir de seus passos

-Não sei quais passos.

Deslembrança.
Passos que se perdem
quando à espera da sentença dita pelo réu.

-Você tem o direito de permanecer calada.

Diante do vitral que sobre mim se estende,
suado e pontudo,
projetando manchas na pele: vermelho, amarelo, verde, roxo,

diante do buraco negro sem fundo,
que sobre si em espiral torce, distorce,
torce lenços,
torce lençóis

debaixo do teto alto,
mas tão alto,
mas tão alto
e imponente:

- Fui-me embora.

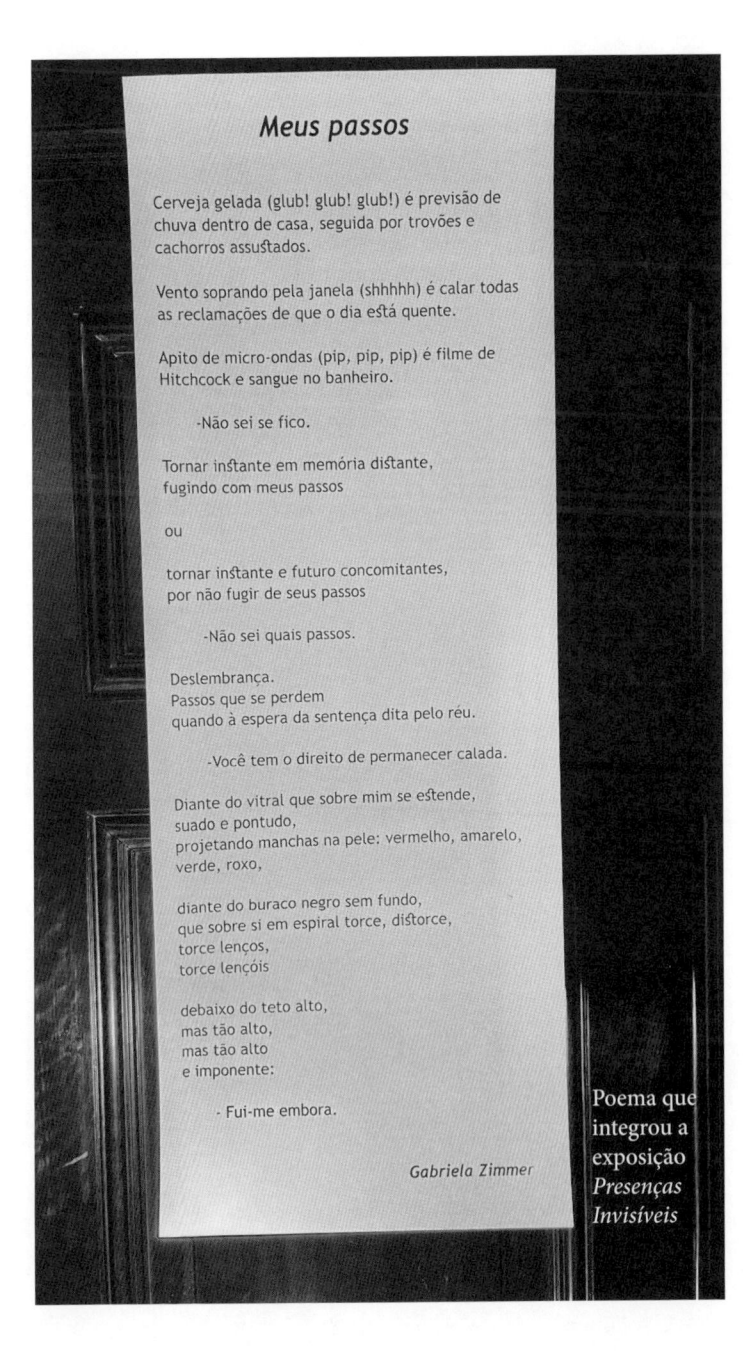

Gabriela Zimmer

Poema que integrou a exposição *Presenças Invisíveis*

ECO, ECO, ECO [XXIII]

(Gabriela Zimmer)

Eco, eco, eco
   – Eco
   – Eco, eco, eco

Em cavernas, túneis e refúgios terrenos:
Eco, Eco, Eco
é a voz presa nas algemas da repetição,

condenada a sussurrar as últimas palavras que lhe chegam,

não aos ouvidos, nem ao coração,

pois Eco, Eco, Eco não é feita de carne, mas de

socorros

cansados de pertencer a alguéns indiferentes,
a alguéns que prostituem-lhe o canto,
expressão incorpórea da vida:
a poesia límpida que almeja os campos
                              [e não o romantismo sombrio]

    – Eco? Não foge de mim, eco! Não vou lhe deixar escapar de minhas mãos, eco!

    – Eco, Eco, Eco

Sua voz pertence a outros.
Seu espírito pertence a cavernas, túneis e refúgios terrenos,
estalagmites combatendo o espaço comprimido,
tornando-se a estaca que mata morcegos-vampiros.

NOTAS DE FIM

I FREITAS, Wagner Cinelli de Paula. Entre medos. **O Dia**, 19 fev. 2022. Disponível em: <https://odia.ig.com.br/opiniao/2022/02/6341609-wagner-cinelli-de-paula-freitas-entre-medos.html>.

II FREITAS, Wagner Cinelli de Paula. Preconceito de gênero nos processos seletivos. **Monitor Mercantil**, 7 mar. 2022. Disponível em: <https://monitormercantil.com.br/preconceito-de-genero-nos-processos-seletivos/>.

III FREITAS, Wagner Cinelli de Paula. Admirável mundo velho. **Monitor Mercantil**, 20 abr. 2022. Disponível em: <https://monitormercantil.com.br/admiravel-mundo-velho/>.

IV FREITAS, Wagner Cinelli de Paula. Homens ricos também matam. **O Dia,** 7 maio 2022. Disponível em: <https://odia.ig.com.br/opiniao/2022/05/6395542-wagner-cinelli-de-paula-freitas-homens-ricos-tambem-matam.html>.

V FREITAS, Wagner Cinelli de Paula. Homens aprendendo a ouvir. **O Dia**, 14 jun. 2022. Disponível em: <https://odia.ig.com.br/opiniao/2022/06/6422105-wagner-cinelli-de-paula-freitas-homens-aprendendo-a-ouvir.html>.

VI FREITAS, Wagner Cinelli de Paula. A exposição da intimidade como vingança. **Consultor Jurídico**, 6 jul. 2022. Disponível em: <https://www.conjur.com.br/2022-jul-06/wagner-cinelli-pornografia-vinganca>.

VII   FREITAS, Wagner Cinelli de Paula. O empoderamento feminino no mundo corporativo. **Migalhas**, 28 jul. 2022. Disponível em: <https://www.migalhas.com.br/depeso/370610/o-empoderamento-feminino-no-mundo-corporativo>.

VIII FREITAS, Wagner Cinelli de Paula. As pioneiras. **Revista da ANDES**, jul-set. 2022, p. 14. Disponível em: <https://andes-jur.com.br/revista-andes-2a-edicao/>.

IX   FREITAS, Wagner Cinelli de Paula. Homens que matam mulheres. **Monitor Mercantil**, 8 ago. 2022. Disponível em: <https://monitormercantil.com.br/homens-que-matam-mulheres/>.

X   FREITAS, Wagner Cinelli de Paula. Segurança pública e violência de gênero. **Justiça & Cidadania**, 26 ago. 2022. Disponível em: <https://www.editorajc.com.br/seguranca-publica-e-violencia-de-genero/>.

XI   FREITAS, Wagner Cinelli de Paula. Desaparecidas. **O Dia**, 8 set. 2022. Disponível em: <https://odia.ig.com.br/opiniao/2022/09/6480768-wagner-cinelli-de-paula-freitas-desaparecidas.html>.

XII FREITAS, Wagner Cinelli de Paula. Só os meninos são bem-vindos? **Monitor Mercantil**, 14 set. 2022. Disponível em: <https://monitormercantil.com.br/so-meninos-sao-bem-vindos/>.

XIII FREITAS, Wagner Cinelli de Paula. As Placas de Itatiaia. **Diário do Vale**, 14 set. 2022. Disponível em: <https://diariodovale.com.br/opiniao/as-placas-de-itatiaia/>.

XIV FREITAS, Wagner Cinelli de Paula. Quando os fatos sociais se tornam jurídicos. **Consultor Jurídico**, 6 out. 2022. Disponível em: <https://www.conjur.com.br/2022-out-06/wagner-cinelli-fatos-sociais-tornam-juridicos/>.

XV   FREITAS, Wagner Cinelli de Paula. Violência contra a mulher: homens que ladram e mordem. **Gazeta do Povo**, 9 out. 2022. Disponível em: <https://www.gazetadopovo.com.br/opiniao/artigos/violencia-contra-a-mulher-homens-que-ladram-e-mordem/>.

XVI   FREITAS, Wagner Cinelli de Paula. O presente de grego. **Justiça & Cidadania**, 17 out. 2022. Disponível em: <https://www.editorajc.com.br/o-presente-de-grego/>.

XVII   FREITAS, Wagner Cinelli de Paula. Políticas pela equidade de gênero não são favor. **O Globo**, 25 out. 2022. Disponível em: <https://oglobo.globo.com/opiniao/artigos/coluna/2022/10/politicas-pela-equidade-de-genero-nao-sao-favor.ghtml>.

XVIII   FREITAS, Wagner Cinelli de Paula. Mulheres extraordinárias. **O Dia**, 4 nov. 2022. Disponível em: <https://odia.ig.com.br/opiniao/2022/11/6516919-wagner-cinelli-de-paula-freitas-mulheres-extraordinarias.html>.

XIX   FREITAS, Wagner Cinelli de Paula. As asas de Niomar. **Monitor Mercantil**, 18 nov. 2022. Disponível em: <https://monitormercantil.com.br/as-asas-de-niomar/>.

XX   FREITAS, Wagner Cinelli de Paula. Homens que defendem a igualdade. **O Dia**, 6 dez. 2022. Disponível em: <https://odia.ig.com.br/opiniao/2022/12/6535108-wagner-cinelli-de-paula-freitas-homens-que-defendem-a-igualdade.html>.

XXI   FREITAS, Wagner Cinelli de Paula. **Violência de gênero é violação dos direitos humanos** – estudo sobre o crime de importunação sexual. Artigo vencedor do 11º Prêmio AMAERJ Patrícia Acioli de Direitos Humanos, na categoria "Trabalhos dos Magistrados", em 7 nov. 2022. Disponível em: <https://www2.amaerj.org.br/premio/wp-content/uploads/PremioID_6/trabalhos_magistrados/1317_Viol%C3%AAncia%20de%20G%C3%AAnero%20%C3%A9%20Viola%C3%A7%C3%A3o%20dos%20Direitos%20Humanos.pdf>.

XXII Texto disponível em <http://ccmj.tjrj.jus.br/presencas-invisiveis>.

XXIII Poema lido pela autora na cerimônia de entrega da Medalha Tiradentes a Wagner Cinelli, na Assembleia Legislativa do Estado do Rio de Janeiro, em 06/10/2022.

Este livro foi composto na tipologia Minion Pro Regular e impresso pela Gráfica Vozes em papel avena 80g/m² e a capa em papel cartão supremo 250 g/m².

www.facebook.com/GryphusEditora/
twitter.com/gryphuseditora
www.bloggryphus.blogspot.com
www.gryphus.com.br